U0647576

国货新世代

引爆潮流方法论

颜亮◎著

ZHEJIANG UNIVERSITY PRESS
浙江大学出版社

谨以此书献给

我亲爱的妻子和孩子们

序 一

创潮流品牌不易，造高端潮流品牌更艰。

随着中国综合国力的增强，国货品质逐渐提升；同时，成长于中国经济高速发展的Z世代，消费力强、个性鲜明，拥有更强的爱国热情和民族自信心，对国潮品牌接受度越来越高。颜亮博士用自己对于行业的观察与思考，将打造国潮品牌乃至高端品牌的应尽之事、须避之阱娓娓道来，让人不禁深思品牌之道。

从传统零售时代到如今的新零售时代，时代的变局造就了很多潮流品牌，也有不少品牌随潮流而退，真正是“滚滚长江东逝水，浪花淘尽英雄”。纵观零售史，始终能赢得消费者口碑的品牌才能经得起时间的考验。

有人曾经问我：“你为什么一直坚持直营，加盟开店多快呀！你为什么坚持自己搞产品科研，生产成本多大呀！这样很难迅速发展。”我的回答是：“我想做时间的朋友。”就像颜亮博士在这本书中提到的，往往知名高端潮流品牌拥有长期的口碑积累，在不同的时代、不同的地域、不同的文化间同频共振，在数字化时代尤为如此。

品牌的高端化需要用口碑来撬动，而打造爆品与极致服务是口碑的基础，开创新品类、占领高位势是打造口碑的抓手。品牌与消费者是相互促成的，从品牌的角度，口碑是品牌力的外在体现。“高端品牌难创，打造高端潮流品牌需要聚势，聚潮流的势、科技的势、稀缺性的势、高价位的势，等等。”本书一语道出林清轩能够站稳国内高端美妆市场的要义。

国家“十四五”规划明确指出，要开展中国品牌创建行动，提升自主品牌的影响力和竞争力，率先在化妆品、服装、家纺、电子产品等消费领域培育出属于中国的高端品牌。中国品牌已呈方兴未艾之势，希望中国企业能够重视口碑塑造，克制短期赚快钱的欲望，与时间为友，与消费者共赢。如此以往，中国将会有更多高质量、高科技的企业如雨后春笋般涌现。

林清轩创始人　孙来春

2021 年 7 月

序　二

跟颜亮博士认识有一段时间了，去年拜读了他的《长线思维》一书，与他也有过几次较为深入的交流和探讨。他对消费品行业和消费品品牌企业有很深的研究，对消费者的消费心理和消费行为有极为细致的观察分析，并撰写了《国货新世代》。

随着中国经济的迅速发展，我国社会迈入了新时代，总人口达2.64亿的Z世代消费群体兴起。Z世代群体属于富足、自信的一代，他们注重体验，自主意识强，渴望被认同，对民族品牌认可度更高。Z世代的需求所发生的变化，推动了消费品的升级换代，所谓“消费年轻化、颜值即正义”；也推动了国货潮流品牌的崛起，推动着中式快餐行业的快速发展。

中式快餐行业的市场规模超万亿元，行业复合增速在10%以上，但目前整体连锁化程度不足10%，未来的发展空间巨大。这些年，中式餐饮所面对的新消费群体也涌现出新的需求，不仅要好吃，还要好看、好玩，更青睐民族品牌和国潮风格。作为本土快餐连锁企业，老娘舅坚守品质立企，坚持用最好的食材烹饪最优质的食品；为了满足新一代消费者的需求，升级到第六代的门店装修风格清新明快；并加快更新产品的品类和品种。“食尚领鲜、快捷体验”，这成就了老娘舅“中国餐饮百强，中国快餐十大品牌”！

颜亮博士对潮流时尚及潮牌的成因进行了解剖，对新一代消费群体的成长背景、消费心理、新消费观念及这个消费群体所呈现出来的敢于冒险和尝试、具有易变性和高可塑性等特点进行了分析，并提出了“潮流化”属性本身也是消费升级的观点，对此，我深为赞同。在过去二十余年的创业历程中，作为时代的见证者和亲历者，我全心全意围绕“老娘舅”，树立了打造中式快餐第一品牌的目标。时代在变，消费人群也在变，企业的经营也要与时俱进，因变而变，方可持续。

该书从互动共塑品牌、研发潮流化产品、塑造高位势属性、做强终端与供应链及社群化维系口碑等方面，对如何创建潮流消费品品牌做了详细的阐述，并对咖啡、奶茶、中式餐饮、白酒、服饰、化妆品等行业和相关品牌展开了研究，对于企业与用户之间的关系，提出了“不仅是一种相互成就的关系，更像是一种相互养成的关系”的独特观点，为企业重塑用户关系提供了参考。

该书是在文化自信大背景下，对潮流品牌，特别是新一代消费群体追捧的国潮品牌崛起之路的一次深度探索，值得我们从事消费品行业，特别是对创建和塑造国潮消费品品牌感兴趣的人士、专业人士和企业管理者一读。

老娘舅创始人　杨国民

2021 年 8 月

序　三

只见远处一条白线，在月光下缓缓移来。蓦然间寒意迫人，白线越移越近，声若雷震，大潮有如玉城雪岭，天际而来，声势雄伟已极。潮水越近，声音越响，真似百万大军冲烽，于金鼓齐鸣中一往直前。

这是金庸《书剑恩仇录》中的一段描写。

对于从小生活在钱塘江边的我来说，金庸对于潮水的描述简直令人拍案叫绝。

但是，潮是有时间的。

除了众所周知的 8 月 15 日看大潮以外，钱塘江每月初一和十五还有两次大潮。如果算到每天，各有一次早潮、一次晚潮，杭州水文局日日都会公布这两次潮水的精确时间。

所以赶潮要趁时候，去早了要等，去晚了看不到。

那么大家还记得中国人国潮风是什么时候来的吗？2013 年单霁翔出任故宫博物院院长，他提出把故宫文化带回家的口号，其中里面的重点就是要开发故宫的文创。于是，他找到了他的好朋友、我的父亲朱炳仁先生一起帮忙。

我爸爸把单院长的意思转达给了我。我听了，犹如醍醐灌顶。

2005 年，那个时候我们刚干完了著名的雷峰塔项目。全国各地掀起了一股建设要建铜建筑的风气，我们的铜装业务做得风生水起。

但是我还是有一点不甘心。因为做建筑工程，毕竟是为他人做嫁衣。我想做一点自己喜欢的东西。尤其是作为铜家的后代，我的爷爷，以及他的父亲和爷爷，当时在绍兴有一个铜铺，做的都是日常老百姓的器物。

我就在想现在有点钱了，我也把这个老祖宗的行当重新捡起来吧，我连口号都想好了，“让铜回家”。

然而我不知道，这个想法让我接下来的八年，每年都把从建筑工程里赚来的利润全部搭了进去。

当时我召集了一批年轻的设计师。我们的产品风格包括日韩风、北美风、北欧风，甚至还有东南亚风。当然也有所谓的极简风、工业风。但是唯独没有中国风。

我当时只有情怀，忘了一个创业者必须要做的一件事情，就是客户画像分析。那时候我的客户都是 50 岁以上的中年男性，他们对我们的设计风格完全无感。

当然我没有上帝视角，我不知道问题出在哪里，整整八年，我们做了大量的产品，仓库里堆积如山，却乏人问津。

现在想来，潮是有时间的，我可能赶早了。

来到 2013 年，我听到单院长要开发故宫文创后，就以故宫文化为元素，花了一年半时间开发两百多款故宫文创产品。我父亲把单院长请到杭州河坊街的博物馆，他看到这些产品非常高兴，提出要拿故宫最好的展馆给这些产品去做展览，这其中就有现在消费者熟悉的五牛摆件、八骏摆件等。我们入驻乾隆花园，成为故宫唯一的铜器开发经营者，后来又设计了很多产品，有一部分成为国礼，赠送给外国领导人。除了国家层面的礼赠，日常消费者的口碑也很好，在全国的机场、商场、博物馆、步行街等有百余家门店。我们设计的生肖摆件，连续七年登陆央视春晚的特别节目的舞台，尤其在 2021 年牛年，我和父亲朱炳仁更是亮相了春晚的开篇，有两秒的镜头。这对于一个普通工匠来说，是荣耀，当年的一腔热情也算有了回报。

这一波的潮，赶上了。

往深里看，潮流其实只是表象，文化才是内容，国货的崛起与国潮涌动，其实就是我们中国人的文化自信，这是每一个炎黄子孙血脉同缘的故事。因为经历过落后挨打，经历过盲目媚外，所以强大起来的中国会比以往更加珍惜我们的五千年文明。国潮，会成为常态。

站在风口，站在潮中，站在世界，讲好中国故事的一天，一定不远。

朱炳仁铜品牌创始人　朱军岷

2022 年 4 月

前　言

潮流往往承载了一个时代的记忆，形成过程亦有时代的痕迹。

随着中国经济持续高速发展而成长起来的新一代消费群体，充分享受了经济增长带来的体验和观感，逐渐成为新型潮流消费品市场的主流群体；并以更加独立自主的个性特征和消费偏好，在群体上重塑了对国货国牌的自信心。与此同时，也有越来越多的消费品行业逐渐显现潮流化的属性。以新一代消费群体为核心客户群的国内潮流品牌，迎来了历史上难得的战略机遇期，这也是时代赠予的战略机遇。

“模仿是人的天性，时尚即是建立在人们相互模仿基础上的社会现象。”（加布里尔·塔尔德）消费者在使用或消费某种潮流商品时，不仅是在使用其基本功能，认可了设计包装等潮流属性，还连接了一种可以做出区分、认同和归属的社会属性（或价值观属性），这是一种从模仿行为中获得的社会属性。而企业通过提供蕴含潮流化属性的商品，鼓励了消费者的模仿行为，与消费者建立了一种关联关系，并以此为基础进行互动和实现关系的延续。

数字化技术的持续突破和广泛应用，推动并实现了部分消费品的智能化、销售渠道的在线化和消费者偏好的科技化，进而深远地影响了商业系统的运行模式。“生意无非人心”，新消费群体更加积极参与网络“评价”（如点评、弹幕、点赞等形态，即是“口碑数字化”）的行为，导致口碑的数字化和口碑影响的长期化。消费者获取商品信息的方式也被改变，形成了依赖诸多网络“评价”以辅助个体决策的消费习惯，这也促成了数字化营销盛行其道。消费者群体既是数字化口碑的供给者（UGC，user generated content，用户生成内容），也是数字化口碑的使用者，近乎重塑了口碑的形成和使用体系。

在新消费群体崛起与信息技术进步的叠加效应作用下，新“国货”和“潮流”新品牌必须顺应口碑数字化的新趋势。不仅要持续升华用户思维，更要以“共塑思维”来引领潮流品牌的创立和潮流文化的流行，鼓励和激发更多的消费者参与商品的口碑传播过程。既要激发消费者的“参与感”，又要强化消费者的“依赖性”，以更加丰富、多元、持续的数字化口碑来影响社群行为，不断扩大消费群体。

潮流品牌采取 DTC（direct to consumer，直连客户）的运营模式，显示出其特殊的战略价值。在数字化时代，DTC 模式以更敏捷的产业链为支撑，跟随或引领潮流化变革，快速响应消费者需求，实现快速“上新”“更新”，显现出该模式独特的创新活力和扩展特性，这也是国潮商品实现品牌跃迁的必由之路。

从狭义的角度来看，一部经济史就是一部消费变迁的历史，也是一部商品与消费者之间的连接关系演变的历史。适逢国潮“新风”乍起，在新一波商业变革中，潮流品牌企业要借鉴“共塑思维”和“直连客户”来改造产品、创建品牌、构建强势连接关系，才能在新一轮新消费群体“争夺战”中获胜。

潮流易变，口碑至上！

本书不仅可以供潮流品牌企业经营者参考，对与消费领域相关的互联网从业人员，对有志于从事消费品行业研究的人员也会有一定启发。

2021 年 5 月

目　录

CONTENTS

第三章
研发潮流化产品

第四章
塑造高位势属性

第五章
强终端与供应链

第六章
社群化维系口碑

第七章
与消费者共成就

参考文献

后　记

第一章
潮流是一种模仿

模仿是人的天性，时尚即是建立在人们相互模仿基础上的社会现象。

——加布里尔·塔尔德

潮流品牌体现出一种时尚性和潮流化的生活方式，其价格要普遍高于一些大众化品牌，同时又富有个性特色。

在潮流化商品的决策行为上，新消费群体中有超过50% 选择了“模仿”那些意见领袖；而这个消费群体，已成为当前消费市场的主力军和主流派，也将会是未来10年，甚至15年的主流消费群体。

潮流商品代表着一种消费升级，也代表着一种趋势性的变化。

第一节　何为潮流品牌

为什么有些商品自上市起，就会掀起一股被追捧的潮流，而有些商品却不能？

潮流或时尚是“在特定时段内，由少数人尝试，后来为社会大众所推崇和效仿的生活方式”。而潮流品牌或时尚品牌（fashion brand）则是集时尚和流行于一体，被年轻人所广泛接受，并认为值得模仿和炫耀的商品及品牌。这些品牌广泛地存在于各类消费品领域，尤其是那些产品在快速变化的行业。由于行业进入门槛的高低差异，在不同的消费品行业里，虽然潮流品牌往往富有较强个性，潮流品牌的数量反而是多寡各异的。那些进入门槛较低的行业，潮流品牌的数量会比较多，如食品、化妆品行业等；进入门槛高的行业，潮流品牌的数量则比较少，如汽车和手机行业等。

潮牌（street wear）通常被认为源于美国街头文化。作为亚文化的一种表征，它是年轻人群身份认同的符号与标志。潮流品牌超越“潮牌”的含义，也涵盖了部分潮牌；当那些只在很小圈子里呈现其个性、时尚的潮牌更加被广泛接受而流行时，其就能成为潮流品牌，能够掀起一股改变流行性口味的时尚洪流。

与“潮流”品牌相反，当某个品牌出现“老化”的迹象，就会逐渐被年轻人所抛弃。该品牌要么通过创新，让新一代年轻人再次接受；要么寻找那些存有怀旧之情的消费者；要么成为大众化的品牌，个性特色也逐渐淡化或消亡。

1. 品牌定位

马斯洛（1908）的需求层次理论认为，人的需要由生理的需要、安全的需要、社交的需要、尊重的需要、自我实现的需要等五个等级构成。而潮流品牌（商品），除了满足基本需要外，还能够为年轻人群体提供社交的炫耀性，找到自身所认可或被他人认可的阶层属性与形象，甚至，还能成为一种自我实现的象征。

根据定位的差异，消费品品牌大致可分为三类。

第一类，奢侈品牌。

这类品牌的商品价格往往比较昂贵，数量也相对较少，如那些比较昂贵的化妆品、衣服、箱包、钟表、文具等。

奢侈品会出现金融化的迹象，在一些保质期长（如酒类）或使用期长（如汽车、钟表、文具）的商品中，会有“保值增值”“价格稳步攀升”的现象，这就是一种金融化。在 2020 年新冠肺炎疫情肆虐的背景下，几大奢侈品品牌的箱包类商品仍然在不断涨价，其涨价行为反而更能吸引消费者去排队购买。

一般情况下，作为一个细分市场或领域的龙头品牌，这些高端品牌占据了行业的最高位势，价格往往也是处在最高的行列。这些能够守住价格高地的品牌，与那些必须通过价格竞争才能打动消费者下单的大众化品牌相比，其在消费者的心理空间中拥有不一样的地位。

第二类，潮流品牌。

这类品牌的商品往往有时尚化的设计和调性，价格处在较高端的位置，却不属于奢侈品的定位，或许会有“轻奢”的形象；往往以其独特的个性或时尚为卖点，相关企业在广告和促销上的花费相对较少。如 ZARA 主打快时尚，广告费大约占营收的 0.3%，而其竞争对手的广告费占比约为 3% ～ 4%；星巴克主打咖啡类潮流饮品，其广告费支出也比较少。

潮流品牌处于奢侈品牌与大众化品牌之间，体现出一种时尚性和潮流化的生活方式；其价格要普遍高于一些大众化品牌，同时又富有个性特色。以 ZARA 为例，其经营法宝被称为“一流的设计、二流的面料、三流的价格”，瞄准的是那些买不起顶级品牌又喜欢时尚设计的年轻人。

第三类，大众化品牌。

这类品牌的数量一般比较多，往往会突出“性价比”形象，并以此为宣传的重点，比如价格档次中等及中等偏下的日化用品等。

对于大众化品牌，商家往往会采取常态化促销的手段，会以打折、促销、买送、赠品等促销活动来激发顾客的购买欲望；同时，也会大量采取广告等方式，扩大产品或品牌的知名度和市场覆盖度。

根据三类品牌价格区间的分布情况，可以进行简单的划分。其中，奢侈品牌的价格区间往往是在市场的顶部，大众化品牌的价格区间往往是在市场的底部，而潮流品牌的价格区间则在市场中档的位置，价格区间与奢侈品牌及大众品牌存在一定的重叠。

从价格区间来看，潮流品牌的价格区间往往是超越大众化品牌的，通过价格的超越，展现其个性化的一面，并蕴含了消费升级的特性，适应了在经济持续发展的大背景下，消费者求新求变的趋势。而低于奢侈品品牌的价格定位，又能部分满足消费者购买力的现实限制，减少高价格对购买力形成的阻碍。

自 2001 年加入 WTO 以来，中国经济飞速发展，仅以 GDP 为例，从 2000 年的 1.21 万亿美元，增长到 2020 年的 14.72 万亿美元，经过 20 年时间增长了近 11 倍。如此巨大的经济体量的增长，推动了不同消费群体的结构性转型。中国的经济和社会迈入了新时代，经济总量的升级也推动了消费换代，新一代人的新需求推

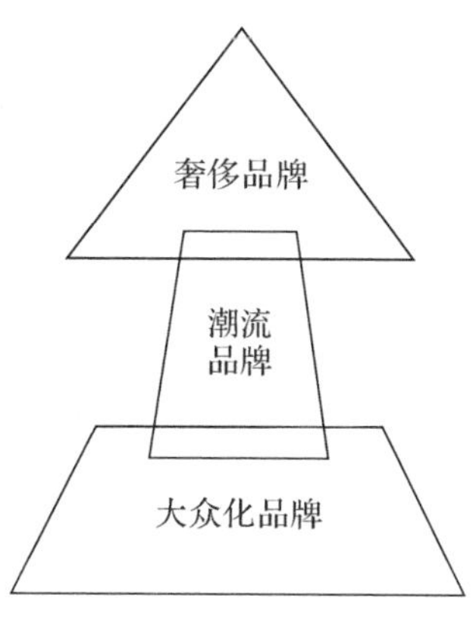

三类品牌的划分示意图

动了消费品的升级“换代”，也推动了国货潮流品牌的崛起。

这个新消费群体属于富足、自信的一代，是自主意识强、独立性强的一代。可以预见，一个巨大的、有着富足而幸福的成长经历的新兴群体，正在不断扩大和崛起，并逐渐成为消费市场的主流。不仅如此，作为父母辈的50后、60后，以城市群为工作生活圈，为90后群体创造了更加优渥的生活环境。

潮流化所对应的是消费升级，随着消费者购买力的提升，消费者对商品质量和情感的需求会上升。潮流品牌因其价格相对较高的定位、超越了大众化品牌的个性形象，满足了这类新消费群体对“消费升级”“彰显个性”的需求。

2. 受众区隔

商业世界对老人或老年消费者往往是不够友好的，其需求甚至是被漠视的。主要原因是这一类消费需求，尤其是可选性消费往往代表着过去，总体上会呈现一个不断萎缩的市场（只剩下为数不多的刚性需求），企业往往不愿意为此投入财力、物力进行精心打造。

而年轻人所富有的天然“叛逆性”，让企业不得不考虑品牌的年轻化，试图再次拉近与年轻人之间的距离。对消费品品牌而言，商家最担心的是品牌不再年轻，不再能够得到年轻人的认可，陷入“品牌老化”和“后继无人”的境地。

潮流品牌天然地被定位为“年轻人群身份认同的符号与标志”，代表着新兴潮流或趋势，明显有别于较为标准化的大众化品牌。新消费群体最爱标榜的是“与众不同”，他们尤其追捧潮流品牌，并乐意在各类社交网站上展现个人的“模仿”，进而催生了潮流品牌的崛起与爆发。

新消费时代已经来临，新消费群体已成为最有成长性、最有冒险精神和最具挖掘潜力的空白市场，虏获新消费群体的认可就拥有了面向未来的通行证。市场上源源不断地诞生一些新品牌，这些新品牌同样会挤占现有品牌的市场份额，让一些现有品牌逐步被迫“老化”，尤其是那些面向年轻消费群体却无法跟上时代节奏的品牌。

基于口碑传播、群体性传播等方式依然有效，只是转换了展现形式和主阵地——数字化的展现形式和网络社交类平台。与此同时，新一代消费者获取信息的来源也发生了变化，更多的是微信、抖音、微博、小红书等Z世代（00后，被称为Z世代）活跃的主流社交性网络平台，而不是原有的信息门户网站、电视台和各类纸媒。根据国家统计局数据，2019年，中国Z世代数量已突破2.26亿，占人口总数的16%。原有的门户网站、电视台和各类纸媒，也存在“老化”的现象，以这些传统阵地作为宣传主战场的新兴潮流品牌，将不得不面临客户群错位的问题。

3. 彰显个性

除了服装行业，潮流设计及时尚特性逐渐在化妆品、家电、餐饮、消费电子等领域崭露头角。这些行业里也涌现出越来越多、各式各样的潮流品牌。

新一代群体的个性化需求的主要特征是向往那些能够彰显自我、富有特色、稀缺炫酷的商品和服务。那些能展现出“社交特性”的潮流品牌，能够充分“被展现”的商品类别，才能体现出消费者“个性”的一面。如潮流饮品就远远超过家电，既因为潮流饮品属于高频消费，也因为潮流饮品有更多的“发帖素材”，而家电的社交特性就弱了很多。

新一代年轻人出现了更加明显的“宅”现象，即除非必要，很少出门，宁可待在家里，同时有上网、动漫、游戏等爱好。但是，这些“宅男宅女”可以为了一杯奶茶花 3 ～ 4 个小时去排队，这个现象也表明他们有“不宅”的理由。《2020 新茶饮研究报告》提到，新茶饮的消费者中 77% 具有“宅”属性。

这些潮流品牌，尤其是能彰显个性的商品，就能让这些“宅男宅女”趋之若鹜，改变他们的行为，引领他们的行为。他们的模仿行为，实质上也是一种社交或类社交的行为。当然，这些人群一边排队，一边仍然在上网、看动漫或玩游戏，他们“宅心”仍在。

另外，新消费群体公开自身的消费记录或感想的动机是什么？是为他人做参考？是为了投诉或抱怨？还是简简单单地记录或者是炫耀？这些行为的背后，都可以用“新群体的时代个性”来解释。另外，在评价的积极性方面，也存在着“20/80”现象——积极发声的是 20%，被引领的是其余 80%。对一些互联网内容型的商业模式而言，如何引导这些踊跃发声的 20% 就非常关键。当然，也存在一些所谓的“键盘侠”，即针对几乎所有事情都善于发表意见的一类人群。从 CNNIC 的调查数据中可以发现，学生和个体户 / 自由职业者两个群体，占据了网民数量的近一半。

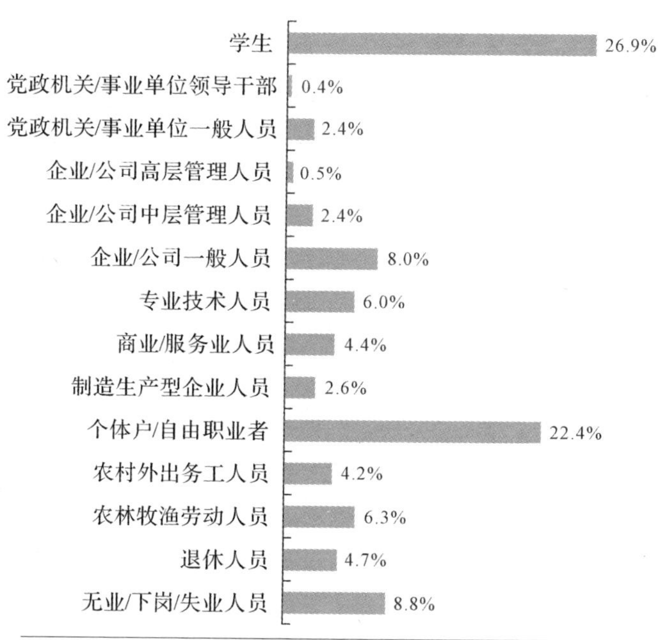

资料来源：CNNIC 中国互联网络发展状况统计调查，2020年3月。

网民的职业结构

第二节 新群体的心理

新一代消费群体是由15～35岁年龄段的年轻人为主体构成的，包括了85后的千禧一代与00后的Z世代，他们有更愿意去尝鲜、去冒险、去追求自我等新型群体意识的特点。这些特点不仅会广泛地影响现有商品的未来，也会直接影响那些尚待面市商品的前途，所有消费类商品或品牌都要入局新消费群体的争夺战，不能也无法甘于做旁观者。

一代人的时间跨度大约为20年，所谓“量变引起质变”，20年的时间所产生的趋势性变化，导致了新消费群体在消费心理上与前一代人群有显著不同。如下图，2019年10月移动购物消费者的年龄结构显示，35岁以下的消费者比例已经占到了72.8%，成为当前消费群体的主力军和主流派，预计也将会是未来10年甚至15年的主流消费群体。

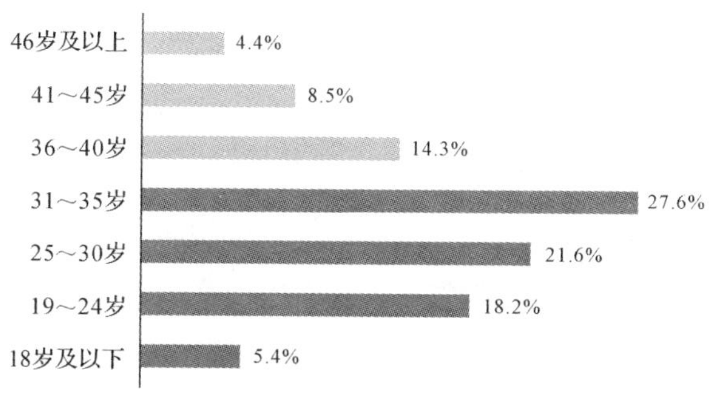

资料来源：QuestMobile、华安证券研究所。

2019年10月移动购物行业用户年龄分布

新消费群体的诞生，不仅意味着新需求的诞生，也意味着消费渠道和场景的变化和转移。这种变化和转移，不是阶段性变化，而是趋势性变化，这就需要企业去适时变革，去适应或贴合新需求的特点。

新消费群体的消费心理和消费偏好，以及消费升级与追捧潮流等特点，代表了未来一段时间的趋势性变化。如果能获得新消费群体的认可，就意味着拥有了未来！

1. 成长背景

近20年来，我国城市化进程不断加速，地铁、高速公路、高铁、飞机等大型基础设施不断完善和提升，城市人口聚居总量在不断攀升，这就催生了以 90 后为代表的新兴（城市）消费群体的崛起。

这一代消费群体，成长的环境完全不同于 70 后或 80 后，这些年轻人不是通过报纸和书籍，而是通过电视、（移动）互联网，甚至出国等方式，见识得更多更广。他们能够在国内外相对差距比较小或不断缩小的大背景下，对国内和国外的消费品进行横向对比，展现出了一种不同的、有代差的认知。

这个群体的成长环境和深刻记忆的起点，是改革开放 20 余年成果的积淀且持续攀升；甚至，在国内基础设施源源不断持续投入的情形下，反而会觉得国内的硬件设施（如机场、高铁、高速公路等）明显好于许多国外发达国家。不仅如此，他们还能发现国内其他诸多的“相对优势”。他们并没有如 60 后、70 后那样，在改革开放后经历和体会到国内外的巨大落差，不会形成“技不如人”“质不如人”“品不如人”等整体负面的消费投影。

2. 消费心理

一般来说，消费者消费心理的形成有其内在特殊性。个人成长的氛围，尤其是成长过程中的历史记忆会深入脑海；或因受到某些事件强烈刺激而产生的记忆，会深深地影响其社会行为，也包括其消费心理和消费行为。近 20 年是新一代消费群体感知世界和消费成长的时间，这个时间段成长起来的消费群体，一旦掌握了消费的自主性，就有不同于其父母辈的经历和体验——产品加速升级、品牌快速迭代、渠道更加多元、信息来源广泛的新时代。

案例：对国货自信心的重塑——从仰视到平视

营销传播公司 Grey Global Group 的高管 Rosenkranz 认为，文化发展历程在广告营销中体现为四个阶段。

第一阶段，当一个国家和外界绝缘时，它的广告行为非常局域化，比如 17 世纪和 18 世纪的日本、20 世纪 50 年代的中国和二战后的东欧。

第二阶段，消费者会花更多的钱购买国外产品，只为获得购买进口货的荣耀，即便它们比本地产品要差，比如一战后的美国、1862 年后向西方开放的日本、柏林墙倒塌后的东欧、2001 年前的上海。

第三阶段，是一个逆向反应阶段，消费者回过头来拥抱国货，这正是 2003 年之后的中国大部分城市所处的状态。

第四阶段，也是最后一个阶段，人们能够比较好地权衡进口货和其广告之间的关系，同时也了解本地产品。这个阶段，广告开始以一种幽默的态度对待本土文化。（摘自《远东经济评论》2003 年 2 月 13 日）

对“国货”自信心的重塑，需要一代人的重新认知才能完成。打开国门发现自身的落后，在追赶过程中的“落差”与“失望”，会让国民对“国货”失去自信心。而随着追赶过程的结束，新一代消费群体的成长和崛起，对“国货”的自信心也会得到重塑。

自信心重塑背后的原因在于本国经济持续增长的大环境。新一代消费群体成长于斯，并自信于斯，形成了更加独立自主的个性和消费偏好。正所谓“经济基础决定上层建筑”，经济基础也决定了自我身份的认知与认同。

当前，正是新“国货”“潮流”品牌塑造的最佳时机，这是时代赠予的战略性机遇。一方面，主流消费群体的消费理念有了趋势性变化。年轻的消费群体能够公正客观地评价国产品牌和国外品牌，更愿意尝试一些新国货品牌，对国产潮流品牌的认同度也与日俱增，不会简单地唯大牌是从，不会盲目地出现“大牌眩晕症”。另一方面，国内产业链的技术水平持续提高并逐渐成熟。在为国外品牌加工或代工的过程中，国内产业链得到了锻炼，相关研究设计能力和关键原材料供应链保障能力也得到大幅度提升。而且，产品设计、研发、市场等方面的人才梯队也得到了培养，能够以更加潮流化的语言和方式，来吸引新消费群体。日本、韩国的本土化妆品品牌崛起的过程，也有赖于新消费群体的崛起、化妆品产业链的升级和人才梯队的培养，这对国产化妆品新品牌具有借鉴意义。

另外，新消费群体对科技感强的产品有很强的适应能力，对科技产品接受程度更高，并呈现出追捧富有科技感的产品的特性，这点往往和老年人的保守特性相区别。新消费群体对科技化产品更加热衷和痴迷，也更能接受有“科技感”的产品，这股潮流只会增强而不会减弱，被科技化的消费者也只会越来越依赖科技产品或工具。

而年纪略大的消费群体往往成为“科技盲”，成为被科技产品降级、漠视或主动放弃的一类人群。即便企业推出“老年款”式样，也充满了“将就”和“够用”的心态和形象，而不是如面对年轻群体那般“讲究”和“贴心”。对科技和体育的热衷与否，是区分年轻人与老年人的两个典型指标。产品和工具的科技化（尤其是数字化技术）也会对消费者群体产生“科技”分层：一类是能熟练掌握的；另一类是无法掌握的。那些掌握了新科技产品和工具的消费者，被科技赋能，进而实现了“科技化”，成为“科技化”的消费群体。诸多关于移动支付普及引发新的社会问题的报道，如老年人持币无法顺利点单、打车、挂号、购物等情形，也表明迅速奔跑的信息社会给老年人创造了“科技障碍”。而这些对新消费群体来说“都不是个事”，这个现象恰恰说明了“科技化”本身直接导致了消费者群体分类（分层）。

在“新”国货浪潮中，产品所蕴含的中华文化因素越来越多，这既是新一代消费者的“文化自信”，也是中华文化在回归原有的历史地位。在兼容并蓄的文化融合过程中，所有消费品都会呈现出其特有的时代性。

3. 新消费观

在未来的消费品市场上，大部分商品（品牌）将体现“得年轻人者得天下”的铁律。国内潮流品牌，必须把目光瞄准新一代消费者的心理特点、消费特点，去主动迎合这个群体的诉求和偏好；要高度重视产品或品牌的年轻化趋势，或是在创新方向上考虑，或是在目标市场上考虑，或是两者同时考虑。

这个群体内年轻人的成长环境、心态的变化及对新生事物的认知，决定了品牌年轻化的方向和路径。当他们熟练地用着手机，刷着微信、微博、抖音、B 站、芒果 TV 等 APP 时，他们的消费观点是什么呢？

2020 年 11 月，Euromonitor 发布的《中国城市千禧一代和 Z 世代生活与支出》报告显示：千禧一代和 Z 世代愿意为高端产品和智能产品多付费；同时，更加愿意在娱乐活动上消费。2021 年 1 月，数字阅读领域的两大头部平台之一掌阅科技公司发布的《掌阅 2020 年度数字阅读报告》显示，截至 2020 年年末，掌阅 APP 中 90 后用户占比达到 8 成，其中 00 后用户占比从 2018 年的 28% 提升至 47.68%，成为数字阅读第一大群体。这也验证了 Euromonitor 报告的结论。

Euromonitor 报告还显示，这些消费者更愿意选择与意见领袖保持同步。意见领袖为美容和个人护理市场贡献了 50.7%，占服装和个人配饰市场的 56.1%，占小型消费电子产品市场的 50.9%。也由此可见，在潮流化商品的决策方面，有超过 50% 的消费者选择了“模仿”这些意见领袖。

受益于国内消费品供应链的逐渐完善，国产商品已经缩短了与“高价”“高品质”产品之间的差距，国内外消费品在品质上逐渐处于同一阵营，站在了同一起跑线上。同样，因为国内产业集群优势带来的敏捷供应链，国内商品在产品创新速度、出品速度上反而更胜一筹，这也是一些新国货品牌能够“崛起”的重要原因。

4. 高可塑性

消费者的某个认知一旦形成，就会不断地自我强化；在遇到重大刺激之前，不会发生根本性改变。因此，与其寄希望去改变消费者的认知，用理性、逻辑、考证去说服消费者来接受，不如一开始就去找那些能够认同品牌的群体，或是瞄准那些尚未形成固定认知的群体。

15 ～ 35 岁这个年龄档次的消费群体所呈现出的敢于冒险和尝试的特点，体现为一种易变性；从另一角度来看，则是一种高可塑性。在当前商品极大丰富和多样化供给，选择更加多元，尤其是数字化内容的选择更是以“数十亿计”，提供了几乎“无限供给”的背景下，消费者被塑造的维度也更加多元。

从企业角度来看，给消费者标注的“个性化标签”越多，代表着其需求特性的属性越多，也就意味着其可被塑造的维度越多。当对消费群体根据众多标签属性进行归纳、汇总和聚类时，各个不同细分群体的消费特性就跃然纸上了。

从消费者的角度来看，虽然代表新消费潮流的“酷”“炫”“性价比”（现实的购买力限制）等商品层出不穷，但“模仿是人的天性，时尚即是建立在人们相互模仿基础上的社会现象”，那些来自同学、同事、朋友及意见领袖的建议和意见，让他们在选择模仿时也顺理成章。

潮流品牌的核心客户群，就是这些千禧一代及 Z 世代群体，是一群被经济实力增长所宠溺、被最新科学技术所赋能、被敏捷供应链所满足的消费群体。

第三节　潮流也是升级

潮流性本身是易变的，无非是在不同的行业其变化速度略有差异而已。产品的潮流化趋势最明显的是在快消品领域，尤其是服装、食品、电子消费品等领域。竞争的关键点将集中在以相对高的价格标榜的“潮流化”属性能否满足消费者需求的持续提升。

食品是一类特殊的商品（刚需、高频），而饮料则是一类特殊的食品（高毛利、口味多变）。以美国咖啡市场的三次浪潮为例，每一次浪潮的背后都是一次消费的升级，也都是一次品质的提升。

案例：美国咖啡市场的三次浪潮

《蓝瓶物语》里描述了美国咖啡市场的三次浪潮。

第一次，从 19 世纪末延续到 20 世纪末，人们牺牲了咖啡的口味与质量，换来了咖啡的大面积普及。速溶咖啡、罐装咖啡是这一时期的产物。

第二次，消费者的需求变成包含了咖啡故事和社交在内的综合体验。星巴克咖啡是这一时期的产物。

第三次，人们更加重视产品本身的口味，咖啡的产地成了关键要素，产品本身超越了体验。

可以发现，这三次浪潮的主题分别是普及性（品质一致性）、社交性和故事性、品质优越性（高档化）。每一次浪潮都是对上一次需求的升级和品质的提升，更是一种消费潮流化的演进。

同样，国内新式茶饮的发展，也是一种消费升级。国内的新一代奶茶品牌，如喜茶、茶颜悦色等，通过创造或跟随潮流，吸引了一大批忠实的客户群。“云徙数盈”的数据表明：中国新式茶饮料中女性消费群占比高达 75%，25 岁以下的消费占比高达 42%。其中，一个重要的群体就是喜欢网络社交、消费比较受身边人和媒体影响的年轻女性。而这些新兴奶茶品牌，通过在配方创新、新品迭代、文案呈现、包装设计、社区运营等诸多方面增加网络的连接性和内容的潮流性，还引入其他潮牌的 IP 做联名，用“潮流性”“娱乐性”增加年轻消费群体的复购率。

案例：新式茶饮的消费升级

《新式茶饮进化简史》描述了国内新式茶饮的升级之路。

从1987年台湾“春水堂”研制出第一杯珍珠奶茶至今，国内现制茶饮行业历经了三个阶段：粉末时代、街头时代、新式茶饮时代。

一、粉末时代。21世纪初期，奶茶以连锁快餐店为载体，以热水冲泡各种口味奶茶粉为加工方式，定价在1～5元。奶茶粉的主要原料包括糖、植脂末和香精等。奶茶粉末进入大工业化生产阶段，2005年香飘飘推出粉状即冲杯装奶茶。

二、街头时代。茶叶和现煮珍珠、椰果、仙草等佐料开始被加入现制茶中，人工现场手摇成为主要的制作方式。以2006年的快乐柠檬和2007年的CoCo为典型代表。同时，RTD（ready to drink，即饮饮品）的奶茶也成为饮料领域的重要市场，优乐美、统一等先后推出液体瓶装或盒装奶茶。

三、新式茶饮时代。以更加健康和时尚为典型特征的新式茶饮成为市场主流。2010年后，以皇茶、一点点为代表的新式茶饮开始加速产品升级。2016年，皇茶更名为喜茶，奈雪的茶和乐乐茶也分别在 2015 年和 2016 年相继成立，新式茶饮的高端细分市场初见雏形。

新式茶饮已成为消费者的一种生活方式。《2020 新式茶饮白皮书》显示，80% 受访者对新式茶饮的消费动机为个人消遣娱乐。2015 年后，在资本的推动下，新式茶饮发展势头明显加速。

从某种程度上来说，星巴克也是属于以潮流化饮品为核心的零售公司，其创业伊始通过主打意大利式浓缩咖啡，以“高品质、便捷性、多样性”等特点，颠覆了传统的速溶咖啡，并逐渐形成了“有品位”的品牌形象。如今，星巴克也遇到了主打“产地”的高质量咖啡连锁店，诸如 Bule Bottle Coffee 等新兴潮流品牌的挑战。而国内高端白酒主打“产地”“窖龄”“酒龄”等特性，所对应的其实也是一种“消费升级”的浪潮，是在营造一种“稀缺性”。

对消费者来说，一旦习惯并实现了消费升级，就无法再接受消费降级。那些因消费升级而被视为“低端”的品牌，很多都会走向灭亡。一是任何品牌都会遭遇其他品牌的“盖帽”挑战；二是如果品牌逐步老化，其消费群体就会不断萎缩。

案例：“被老化”和“低端化”

品牌是自然而然分层的。

品牌“老化”属于代际偏差，是因为消费群体平均年龄趋势性增大，往往是不可逆的，尤其是那些主要面向年轻消费群体却无法跟上时代节奏的品牌。一旦某个品牌被贴上“父母辈”专用或“老一辈”专属的形象标签，那新生代自然会敬而远之了。市场上会源源不断地诞生一些新品牌，这些新品牌将挤占现有品牌的市场份额，这些市场份额被挤占的品牌将逐步“被老化”。

改革开放后，国外“洋”品牌长驱直入，国产品牌在质量、形象和宣传等方面全面落后，进而被消费者视为低档化商品。即便原本属于高档化的商品，也被迅速挤压到了品牌金字塔的底层。而这些品牌再想试图回到高档化的位势，难度非常大。同样，如果新创品牌的最初起点比较低，要想把这个品牌位势向高处提升，难度也是很大的。

在消费升级的大趋势下，各类品牌将不进则退，容易出现“被低端化”的趋势。这种“被低端化”的现象，主要源于居民消费升级和购买力提升，消费者对质量和情感的需求会上升，部分固守原有定位的商品会被层出不穷的新产品压在底部，被迫成为“低端化”产品。

能够被口碑引发的潮流化，一定是消费升级。有观点认为渠道下沉是一种“消费降级”，其实，对那些新加入其中的消费群体来说，通过这些渠道可以买到品质更好的商品，其实质上仍然属于“消费升级”。用同样的钱或更少的钱，能够买到品质更好的商品，都是一种消费升级，关键是在“更好”的比较对象选择上。

高品质形象或潮流化属性会自带吸引力，也能够自带人流量，因为消费升级本身就是一种长期性趋势，也是普遍存在的消费现象。企业如何才能让潮流化的努力成为现实，最终都要依靠消费者的口碑传播与内心认同来兑现。

第二章 互动共塑创国潮

人的本质并不是单个人所固有的抽象物，在其现实性上，它是一切社会关系的总和。

——卡尔·马克思

数字化技术改变了商业生态，消费过程被留痕化、数字化和智能化。消费者群体创造出数字化口碑，并积极分享、使用数字化口碑，形成了富有社交属性的"群体互动"与"共塑口碑"的现象。

唯有采用"共塑思维"，形成持续的口碑传播，才能创立潮流品牌。

如果没有爆品驱动，就无法体现商品（品牌）的潮流性。爆品驱动的实现一定是阶段性集中爆发的口碑传播，或长期蓄势后的口碑爆发。

第一节　互动商流

商业体系的发展，尤其终端商业形态的变化，从表象来看，是消费场景的变化和演进；而其实质，是源于经济发展和技术进步后企业（或生产厂家）与消费者之间的连接方式与形态的变化。

消费行为的发生，从商品信息的传递开始，影响潜在消费者的购买决策，并伴随体验、交易、物流等一系列商业活动。消费者购买商品（服务）的过程，实质上就是企业与消费者建立连接的过程。这是企业主动发起的连接；而连接的存在，也是消费者对产品或服务是否有黏性的前提。

数字化技术的进步和应用，以及新一代消费群体对智能化工具的熟稔及使用，使得消费过程逐渐被留痕化、数字化和智能化，企业通过所掌握的这些数据来分析和预测消费者行为与心理成为一种可能。企业与消费者之间的连接，从原有传统的、近乎单向的和非智能的“连接”，变成了先进的、双向的和智能化的“新连接”模式。

1. 推送式信息传送

从信息传递的角度来看，消费（的本质）就是某件商品与（潜在的）消费者之间形成连接（linkage）的过程，正是这个连接导致了消费行为的发生。连接是维系企业和消费者之间关系不可或缺的一种纽带，也是商品价值货币化不可或缺的一环，如下图。

推送式：“渠道 / 连接”示意图

在推送式模式中，渠道 / 连接对信息的传送方式是“高程度推送”和“低程度留痕”。此时，商流的核心是信息的单向传递，传递过程的低留痕导致企业无法掌控消费者在终端的消费选择、心理及行为。

在这个模式中，连接是由企业主动发起的，企业属于主动发起方，消费者属于被接收方。某类商品在市场上被出售和消费的过程，实质上是该商品与消费者群体建立起（信息）连接的一个过程。而市场上此类商品的所有连接，包括有效的、无效的，当前的、过去的，潜在的、存在的连接总和，则反映了该类商品的市场当前表现和未来潜力，包括了品牌的强弱和销售的总量，也包括了未来的发展趋势。

连接存在于企业（产品或服务）与消费者之间，正是这个连接实现了双方的沟通与体验。连接是企业传输商品或形象信息的渠道，包括有形的和无形的。这种信息渠道是网状的，也是漏斗状的，会面临信息的衰减、漏损、畸变等情况。

对那些有实力的企业而言，比如有些大型消费品企业，为了及时掌控零售终端的销售情况，会要求驻扎在终端的业务员除负责铺货外，还要统计各家门店的不同产品售卖情况。在不同时间，填写不同类型的表格，获得销售端的“反馈”，实现销售情况的留痕。然而，这种留痕行为是不及时和非主动的，“反馈”信息的质量也是堪忧的。只能通过大样本数据的固定“偏向性”来纠偏或做个大致的参考。而且，这类数据更多的是反映了消费的结果，并没有掌握一些有关消费者选择、心理和行为等方面的数据。

虽然一些终端零售门店利用信息化手段进行了改造，其数字化水平仍然是高低不同的。那些数字化水平较高的门店也未必会开放实时数据给消费品企业；而那些数字化水平较低的门店，如同信息黑洞一般，没有任何信息的反馈。更重要的是，这些终端门店的信息化所达到的水平，仍然未能解决“如何获取有关消费者选择、心理和行为等方面的数据”的问题。

2. 互动式信息传送

随着数字化技术的普及，当企业所获取的“反馈”越来越频繁并成为online时，企业可主动抓取实时信息的方式导致信息模型发生彻底改变。其中，反馈可以是消费者主动发起的，也可以是企业主动收集并汇总的，这个过程也是对消费者心理和行为的重新认识及数字化过程。

通常情况下，企业为了获得市场“反馈”，会采取市场调研的方式，让潜在的消费群体或顾客对商品的各种属性进行评价。这种基于抽样群体的主观评价或自证性评价的方式，或多或少地影响了“反馈”的时效和质量。有赖于数字化技术的进步，消费者的“反馈”可以实现即时性，也会更加真实和可靠。基于网络销售的线上电商方式，很大程度上解决了这个问题，可以掌握消费者基于时间线上的入口、点击、停留、选择、支付等方面的数据，

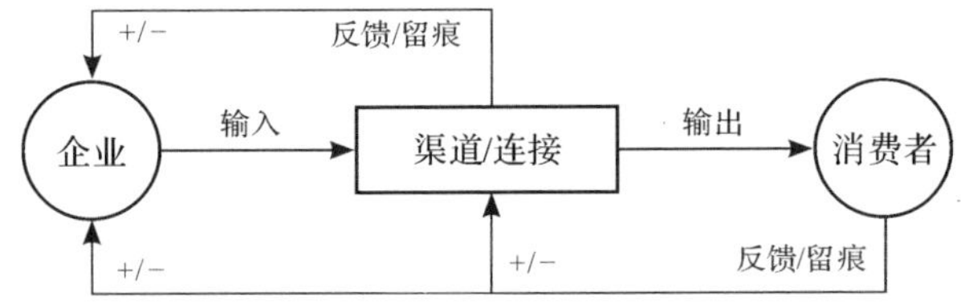

互动式：“渠道/连接”示意图

这些数据的汇总成为“大数据”洪流，成为商流智能化分析的基础数据。

在这种互动式模式下，对信息的传送方式是“高程度推送”和“高程度留痕”。此时，商流的核心是互动，商流过程的“高留痕”和数字化，让企业可以随时掌控消费者在终端的消费选择、心理及行为。其中，消费者的主动留痕，如对商品或服务的评价，就在互联网空间内，创造出了数字化口碑，并深远地影响了潮流品牌的塑造逻辑。

第二节　共塑口碑

任何潮流品牌都要通过消费者的持续口碑来塑造，并形成一个时代性记忆。建立品牌与口碑的过程，是一个持续培育势能的过程，始终会面临着吸引新用户和维系老用户的难题。

在新消费群体崛起与信息技术进步的叠加效应作用下，尤其是由于移动互联网的普及，企业与消费者之间的连接方式发生了重大变化，出现了口碑数字化的新趋势，导致原有的口碑塑造和传播方式发生了根本性的变化。新消费群体的信息获取方式也随之发生了变化，信息传播链条中新诞生的中间力量越发强大，导致消费者改变了原有的决策习惯，进入了企业与消费者群体共塑数字化口碑的新阶段。

1. 评价与口碑数字化

（1）新群体积极的参与性

新消费群体有更强的参与意愿，愿意就自身的满意或不满意感受提供评价（如点评、弹幕、点赞、投币、关注、发圈等形式），以记录消费和释放心情，在产品消费过程呈现出更强烈的“参与感”。以往消费群体因为缺乏数字化工具和评价的平台，往往只在强烈不满意时才会想办法去评价，而评价过程的复杂性也导致参与意愿被进一步弱化。

数字化技术的普及，提供了各种评价方式，易用性和便捷性大大增强；同时，评价信息也可以更加丰富而多元，可以用文字、点赞（关注）、投币（赠送礼物）、图片、视频等多种形态进行评价。

新消费群体对商品体验表现出主动参与评价的特性，这点明显有别于其他消费群体。2012 年微信推出的“朋友圈”，是一个非常重大的创新产品，它满足了用户在熟人（半熟人）社交圈内，发表自己感受和体验他人感受的需求，拍照发圈成为社交生活的日常动作。用户的这种行为，把朋友圈塑造成一个 UGC 社交内容平台，创造了朋友之间互动的新场景，甚至创造出了“微商”这一专属称谓。用户发朋友圈的行为，是一种对情绪、观点、行为等的记录，或是表达，或是认同，如文字点评、发表照片（视频）或转发文章（视频）等。这是一种社会交往行为，能够引起朋友点赞、点评等互动行为；也是一种自我实现的表达，符合在熟人或半熟人社交圈的炫耀或广而告知，把朋友圈变成自己的“秀场”。

每个人的社交圈，反映了每个人的社交环境，是一个与个人身份相捆绑的口碑圈；有与其身份和形象相匹配的言行，也更具有说服力和号召力。消费者以个体身份的发圈行为，会让潮流商品的口碑，实现迅速、跨地域和长留存的辐射。

（2）数字化评价与口碑数字化

消费者对商品或服务所给予的评价，如点评、打分、点赞、关注等内容，会长期存在于购物网站及各类平台上。这些被数字化的评价，实现了 24 小时在线展现，影响力更广，所有潜在顾客都可以浏览或查看。而且，评价的方式也越发多样，除了原有的文字、图片外，还有音频、视频及多种展现形式的混合状态，数字化口碑呈现出“富媒体化”的趋势。

在原来的线下模式中，某个消费者可能会对 3 ～ 5 个好友，进行次数较少的口头传播；微信的朋友圈传播，以“图文并茂”的方式则可能会传播到数百人，甚至上千人；而购物网站或公共信息平台上的传播，可能会影响上万甚至更多的人。这是一个口碑数字化的现象，并不是口碑的迁徙，而是消费者口碑的新形态。这些信息会被长时间保留，除非内容下架或删帖，这些信息会长期存在，被统计、分析和查看。当然，这些信息的存续期，也是以信息平台的存在为前提，在这些平台的存续期内会一直持续发生着影响。

口碑数字化现象出现有如下原因。一方面，各类消费网站或购物平台主动提供了评价、讨论或留言功能，创建了一个可以表达感受的空间；另一方面，第三方社交媒体类平台（商品点评、知识分享、信息发布等）也在积极吸纳消费者的感觉（吐槽）或体验类信息，提供了一个公共的信息发布和交流平台，有意识推动 UGC 化内容的积聚。用户高参与性的行为和互联网平台公司的主动引导，共同推动或塑造了一个容纳“数字化口碑”的网络空间。这些评价内容往往会被网站分类展示，不仅正面评价的影响变得更广了，而且负面评价的影响力和杀伤力也变得更大了。

如果把消费者在网络上的消费或体验行为的留痕（也是数字化行为）及数字化口碑进行汇总和分析，最终所展现的是一个被数字化的消费者，一个行为可以被分析、预测和引导的数字化消费者。

2. 改变信息获取方式

口碑数字化的过程，必然存在一个或多个承载数字化口碑的网络平台或空间，不同的消费群体会选择在不同网络平台或空间里进行口碑创造和使用口碑。在这些数字化口碑的集散地里，也必然存在所谓的主流或非主流空间、空间活跃程度的迁徙或转移及不同的口碑辐射能力等。

随着数字化工具的普及，消费者改变了获取信息的方式。从原来的以观看电视、纸媒为主，逐渐变成浏览各类网页及 APP，如信息门户、新闻推送、视频类、消费体验等，及查看个人所关注的各类公众号、大 V、UP 主或朋友圈等。

同样，信息传播方式也更加分散和多元，原来对纸面电视媒体的关注度和权威性被消解。诞生于互联网时代的大 V、网红、KOL（key opinion leader，关键意见领袖）等的观点，以文字、图片和视频等多种形式发布，类别广泛，数量众多，并成为消费者获取信息的新兴来源和主要来源。尤其是 KOL 的评价、推荐、软文等和 KOC（key opinion consumer，关键意见消费者）的体验、晒单、攻略等，成为消费者购物时参考信息的主要来源之一。由此，也诞生了“网红经济”这种新型商业模式。

由于移动互联网提供了便捷性，消费者的碎片化时间被充分利用，各类场景的无聊时间都被消费者用来发信息、玩游戏、购物等。在各种零散的时间段里，消费者可以完成娱乐、信息获取与发送、购物或评价等活动。

3. 传播链的中间力量

在各类明星广告传播、周边朋友口碑传播的中间，出现了更为庞大的中间力量。

那些对产品比较了解或熟悉，愿意分享个人观点、使用体验或经验的用户，借助互联网平台发表富有一定深度和个性的评价，并形成了以自身为核心的、规模不等的社群性团体。当这些用户能够以较高频率发表观点，或主动给其他消费者建议时，就出现了 KOL 或 KOC 的角色，也就形成了传播链条的“中间力量”。

在互联网时代，尤其是移动互联网时代，各类个体在口碑上的传播能力得到了整体性的提升，口碑传播能力曲线被外推到更高的层面。在“中间力量”中，很大比例的传播个体处在自传播状态，基于分享内容的吸引力去激发其他用户来传播，也就存在了可以提升传播能力的空间。

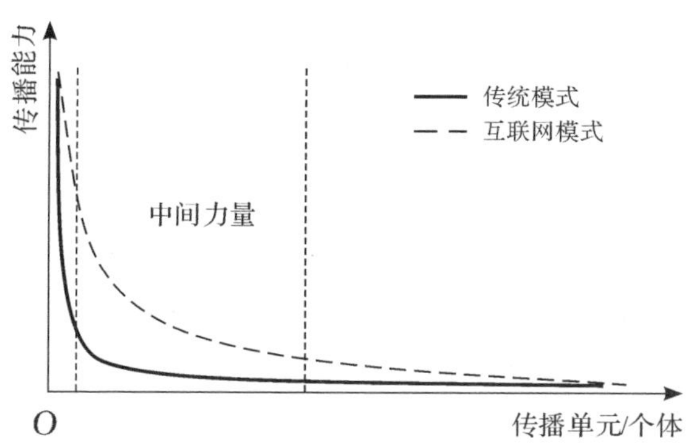

个体传播的“中间力量”示意图

KOL，指那些拥有更专业、更多的产品信息，且为相关群体所接受或信任，并对该群体的购买行为有较大影响力的人。KOL

以“专业形象”出现，并被消费者赋予信任。

而KOC，既是消费者，也是创作者，是对消费者的消费决策起到关键作用的群体。KOC的数量要远远多于KOL，KOC所晒的消费记录，更亲民，更接地气，也更有说服力，体验角度也更多元化。

除了那种依托社交类或媒体类平台发表信息、属于影响力较大的KOC外，普通消费者也会选择在社交工具上进行传播，如在朋友圈或社交平台上发布产品相关信息，这也类似于KOC的行为，像是只针对熟人社交圈的KOC。借助于移动互联网工具，这类消费者的传播能力也得到了明显的提升，属于传播能力的“长尾”层级。

这些来自朋友或推荐或炫耀的信息，尤其是朋友圈的信息，也成为消费者获取信息的重要来源之一。2019微信公开课披露，每天打开朋友圈的用户数是7.5亿人，而总次数超过了100亿次，相当于每天给每个用户提供了13.3次各类信息。朋友圈的口碑辐射，比以往采取口头传播方式的范围要更广泛，针对性稍弱，而影响力更大。

4. 改变购物决策习惯

新消费群体大多会翻看“点评”和“攻略”等与消费体验有关的信息，积极吸纳他人的评价信息，作为自身购买或消费决策的参考。

Euromonitor 的报告显示，中国城市千禧一代和 Z 世代消费者中的 56% 在购买护肤品时依赖用户评价。这个现象的背后也反映了一种决策逻辑的变化——尝试了解其他使用者（或意见领袖，即中间力量）的“评价”信息，而不只是看广告或宣传的结果。消费者改变了决策习惯，改变了决策依据、决策逻辑、决策信息的来源。不仅如此，“打卡”“晒图”等模仿行为成为需求，成为新消费群体独有的一种个性化行为。

当前比较流行的直播购物形式，类似于以往线下推销员的线上化。与过往的电视购物形式相比，观众更富有互动性，交易也更便捷。直播购物的方式能够逐渐被接受和兴起，很大程度上在于这种身临其境的“现场体验感”，体验到其他消费者的“互动”热情，体验到在人山人海中“抢”到某件商品的欣喜（是一种物超所值的感觉）。

5. 与消费者共塑口碑

口碑数字化的实质，是存在于网络空间里的数字化口碑，其成为商品的一部分，成为影响消费者购买决策的重要组成部分。消费者群体创造出数字化口碑，并积极分享、使用数字化口碑，就形成了“群体互动”与“共塑口碑”的现象。

“共塑口碑”有两层含义：一层是消费者群体对口碑的共塑

行为；另外一层是企业要引导、激发消费者，要与消费者群体共塑口碑。

一方面，这些消费者持续不断地创造各类评价、发布评价、转发评价，形成了各类数字化口碑传播链条，并广泛分布在网络空间里；另一方面，他们还熟练地使用这些数字化口碑，接受这些“新渠道”中间层的KOL和KOC所表达的观点，以数字化口碑作为决策依据的重要来源。

消费者对购物（消费）体验的评价，不仅影响了其他消费者的购买决策，还影响了企业的经营决策。企业要创立潮流品牌，要形成持续的口碑传播，需要“共塑思维”。要激发并鼓励消费者主动评价其消费体验，把尽可能多的消费者培养成为KOL和KOC，做大传播链的中间力量，增强传播力和影响力；把数字化口碑的生成过程，升华为潮流化传播过程，通过影响社群，强化消费者的决策“依赖性”，不断扩大消费群体规模。

在消费者参与感越来越强的趋势下，鼓励和发挥消费者主动参与的优势，积极在社交圈（及各类互联网平台）发布对商品（服务）的消费体验和观感，培养越来越多的KOL和KOC；主动吸纳消费者参与产品创新与设计，发挥群体智慧优势，提升产品的潮流性。

既要让更多消费者参与到企业品牌、产品、形象或事件等数字化口碑传播过程中；又要建立起群体消费和互动行为，在消费过程中纳入社交关系；更要鼓励和组建由消费者占据主导地位的社群，让消费者可以从社群活动中，得到与众不同的感受（如自豪感、优越感）等，形成更加可持续的社交（社群）黏性。

数字化技术的进步，使得企业组织消费者的各类活动成本大幅度下降；在微信、微博等社交平台或小程序、企业 APP 的帮助下，企业可以非常便捷地组织大量消费者参与互动或讨论。当然，这些平台公司也需要热点事件，需要流量支持，也会对大型的活动提供支撑。同样，企业能够对消费者的感知进行及时的汇总、统计和分析。除了主动“评价”外，消费者在线上的一些消费行为，诸如在网络上的停留、点击、跳转、次序等，都可以被记录。在消费者不知不觉中，形成一系列带时间序列的被动“评价”信息，并被识别出一些潜在的需求和偏好。

第三节　驱动潮流

如果没有爆品驱动，就无法体现商品（品牌）的潮流性。爆品可以被设计，可以被引导，每个潮流品牌都会孜孜不倦地追求爆品或爆款，而最终能否成为爆品往往是在预期之外。

每个爆品的出现，一定会出现被广泛传播和被广泛接受的口碑。最终驱动爆品的实现，一定是阶段性集中爆发的口碑传播，或长期蓄势后的口碑爆发。

1. 研发与出爆品

所有潮流产品的研发与设计，必须是“美”的，只有“美”才能潮流化。“颜值即正义”的网络流行语，很能说明网络流行的要义——颜值很关键。几乎所有智能手机都提供了“美颜”“滤镜”功能，也证明了这点。“买椟还珠”的寓言故事，也说明了“颜值”对商品销售的重要性。

“在理想情况下，美和实用性两者应当是相辅相成的。”（保罗·兰德）速溶咖啡三顿半，它成名出圈主要来自一款传播属性极强的单品——“超即溶精品咖啡”。该款产品设计了亮黄、淡红、黑灰等多种颜色鲜艳的迷你独立包装，成为社交媒体上的一大爆点，很多 KOL、用户主动拍视频分享。

对所有潮流商品而言，不仅希望消费者购买，还希望消费者能够重复购买，要让每次消费体验都能感到舒适，甚至是惊喜。这就要求企业搞好产品的品质，即便不能持续升级，也至少要做到产品品质的稳定性和一致性。这也是最基本的产品思维。如果没有好的产品品质管控，任何品牌都走不远。

2. 定位与高位势

性能优于价格。从人性的角度来看，很少有人因为买了便宜货而四处炫耀，只会因为占了便宜而卖乖，或为了占便宜而求人帮忙（如帮忙砍一刀），或得到了难以得到的东西（小确幸）而广而告之。

潮流产品的价格定位，处在奢侈品牌之下，大众品牌之上。与奢侈品牌相比有“性价比”，与大众品牌相比也有“性价比”。价格影响了产品或品牌的位势，企业无法回避在商品价格上高或低的比较。但是，不能纯粹去比较价格的高或低，比较价格的方式决定了“品位”。

潮流传播的“下降律”本身就要求商品及品牌有较高的位势。因此，营造较高的位势是潮流品牌成为流行的重中之重。

3. 终端与供应链

构筑与消费者之间的连接，既包括可以让消费者方便获得的物理链路（物理距离）；也包括商品所连接的潮流属性，与消费者的心理建立连接（心理距离）；还包括超出预期的服务，让消费者能够感到惊喜，激发消费者口碑传播（超值服务）。

对于新创的潮流品牌，必须从可控的终端起步，并以此建立一定的位势；同时，要对供应链进行组织和优化，以更加敏捷的供应链，加快上新和更新的速度，以新胜旧、以快胜慢，以速度追随和引领潮流。

4. 口碑与社群化

在消费升级的背景下，除了提升产品品质，还需要增加社交属性。要考虑产品消费过程和消费场景的社交化，让产品与消费者的社交过程产生密切的联系或相关性。星巴克的第三空间理论，实质上是提供了一个“社交空间”。

消费者对 KOL（或 KOC）比较“关注”，这些 KOL（或 KOC）所发布的信息，使消费者身临信息广场一般，以听众或观众身份参与其中。如果消费者针对具体信息发布评价，如“弹幕”或评论，引起了 KOL（或 KOC）的关注或回复，社区化的雏形就形成了，这属于陌生的社交链。

如果消费者关注的是企业公号（文章或视频），那么，这个社交链就是相对稳定和可持续的。通过对消费者 ID 的识别和行为分析，就可以形成熟悉的社交链。

为迎合新消费群体的需求，就需要考虑如何在各类场景里增加一些社交的属性，增加群体或团体消费的比重。社交属性是最好的产品黏性，如果能够主动促成核心客户群之间的“客户建群”和“客户互动”，鼓励或诱发用户之间的社交属性，就有了一个稳定客户群的黏合剂。

在互联网时代，企业 / 产品的品牌不仅体现为一种影响力，更可以视为一种连接力。不仅包含了对消费者（用户）的服务能力，而且包含了对消费者进行社群化、组织化的能力。企业的品牌或口碑，不再是企业单方面的行为，而是要与新消费群体一起共同塑造，这可以称为潮流品牌的“共塑定律”。

第四节　激发模仿

“模仿是人的天性，时尚即是建立在人们相互模仿基础上的社会现象。”（加布里尔·塔尔德）从某种意义上来说，驱动潮流就是驱动模仿，就是从不同的层面推动消费者，对潮流品牌或商品在理念、行为和口碑等三个层面的模仿与持续。

1. 理念上的模仿

让消费者在潮流产品或品牌认知上，能够从理念或观念层面认同，这种认同既是企业期望的，也是消费者感知并认可的。消费者的认可，从实质上来看，就是一种理念层面的模仿。

理念层面的认同，是定位理论（里斯和特劳特）所推崇的模式。定位理论的核心，是指产品要能让消费者在心智模式上获得认同，能够把产品从竞品中识别出来，占领“第一位势”或“唯一位置”，也就是有最大的辨识度。

从模仿的角度来看，企业拥有“第一”或“唯一”，就能在市场上获得一种相对的强势状态。这是一个很容易被消费者接受的理由，也是驱动模仿行为最有力的武器。

对于刚刚入市的新品牌，为了将理念植入消费者的大脑，除了广告、设计、形象和宣传等，面对面的导购或推销也是非常重要的。

2. 行为上的模仿

要将理念层面的模仿转化为行为层面的模仿，就是从认同转化为购买，这还涉及消费者的购买力、便利性、体验证实等诸多环节。更核心的是，要能够塑造出一种行动上的“认同感”，只有通过购买行为或消费过程，才能让个体转化成为认同并能消费该种 / 类商品的群体，转化成为被他人认同的群体，获得一种认同自身和他人的群体归属感。

换言之，就是通过明晰个体和群体之间的差异性，能让更多的个体转化为群体，并通过群体性氛围来维系个体行为的持续。

还有，当某种爆款出现时，潮流商品受到追捧，可能会出现让消费者花长时间排队、透支购买力、饥饿营销等诱发负面情绪的体验。这时就需要企业适度引导，防止冲击理念层面的模仿；甚至将这些体验转化为理念上的“理所当然”或“稀缺性使然”。

3. 口碑上的模仿

理念、行为及体验过后，消费者在不同环节的感受就会形成消费者的口碑，包括网络“评价”方式的数字化口碑，这属于消费者感知层面的模仿。

在消费者感知层面，如何让消费者接受企业预期中的口碑，并且发布一些有利于企业口碑的信息呢？从口碑塑造过程来看，一种是消费者自发的，这类消费者本身就属于易感人群，愿意分享自身的体会和经验，属于“富有热情的消费者”；另一种是消费者被激发（诱导）的，就是可以通过导购（促销）、奖励（馈赠）、惊喜（刺激）等方法被激发，属于“被动分享的消费者”。当然，还有一类是非主动、难激发且不愿意分享的消费者。

让消费者体验到“值”“超值”，不管是商品本身、服务过程，还是消费体验，都可以激发消费者“模仿的口碑”。

第三章
研发潮流化产品

如果没有相关性，就不是好设计。

——保罗·兰德

潮流天然拥有一种吸引年轻人注意力的属性，然而，注意力本身又是稀缺的和容易被分散的，如何吸引注意力就是一门学问。

潮流有易变性，这与消费者的注意力被转移有关。企业必须跟从或引领消费者的注意力。

潮流要靠爆品来拉动，没有一定数量的消费者群体来支撑，就无法驱动潮流，也就无法在较长一段时间内延续潮流。

第一节　瞄准潮流方向

潮流商品作为一种连接消费者与潮流文化的载体，其潮流文化的内涵主要体现在品质、设计、包装、展示、场所、渠道、服务与情感等多个方面。通过与潮流文化的关联，体现潮流特性和行业位势，承载消费者的期望，缩短与消费者之间的心理距离。

消费者的注意力是购买力的入口！潮流化商品本身自带关注力，能够天然地吸引年轻人的注意力。然而，想要持续地获得年轻人的信赖和青睐，难度反而比之前变得更大了。

1. 潮流化是趋势

潮流商品或品牌的核心在于其潮流属性。潮流是一种时髦（时尚），而时髦未必会演变为潮流；潮流一定是有持续性的，而时髦则未必。

潮流化商品的本质是什么？最本质的仍然是功能，但又不完全依赖其功能。消费者的需求在升级和进化，功能成为必要条件，而非充分条件。同样，也要对潮流化商品的功能属性再进行必要的区分：基础性的功能属性（相关性）、展现潮流的功能属性（可展示性）、被消费者群体认同的功能属性（群体认同性）。

第一，基础性的功能属性

这可以满足消费者最底层、最基本的需求层次。如矿泉水、果汁、碳酸饮料等都可以解渴，白开水同样也可以解渴，解渴就是一种基础性的功能属性，这种功能属性实现了与消费者需求之间的“相关性”。

一般来说，任何一种商品都能在功能属性上实现与需求的相关性。然而，富有新鲜、营养、健康、天然、环保等功能的属性，则可以与需求建立起更强的相关性。

另外，如果通过在功能属性上的创新实现超越，这种创新最容易被消费者接受。如消费电子类产品就是如此，新一代消费电子产品都是对上一代实现在功能上的超越。以国产化妆品为例，自改革开放打开国门后，国外日化产品蜂拥而至，以“科学”的配方、时尚的包装、精准的投放等，打败了一大批国产品牌。在更先进市场运作手法（小包装＋零售店＋大学生群体）的冲击下，许多优秀的国产品牌很快就缴械了。这个现象出现的主要原因是，这些国产品牌在商品功能属性上被超越了，虽然部分消费者还是认可国产品牌，但是无法逾越功能属性上的底线。

更何况，国外日化品牌在潮流性（时尚、美观等）和群体认同性（明星代言、周边用户广泛使用等）两个方面做得也不错。即便到目前阶段，在传统的日化、洗护等领域，仍然是国际品牌占据了主导地位。仅宝洁一家公司在中国洗护市场占有率曾一度接近 50%，即便当前也有近 30% 的市场占有率，这很能说明国内日化品牌在“潮流化”和“功能化”连接双重失效的后果。

第二，展现潮流的功能属性

除了基本功能属性之外，在包装、设计（如色彩、外形、重量）、口感、便捷等方面也应展现出潮流（时尚）属性，实现与消费者需求之间的“相容性”。如不同的包装风格，消费者的偏好和倾向性是不同的，实质上就是体现了相容性的差异。只有消费者不排斥商品的包装及设计等方面，才有可能接受该商品，才存在相容的可能性。

另外，也要考虑与消费者现有的同类商品之间，建立一种相容性的关系，以减轻消费者的心理负担（冒损失的风险和否定过往决策的风险）。如换新品牌手机后，充电器、耳机等外设如果不能用，还需另外再买的话，就存在相容性问题。如果产品匹配了充电器和耳机（或转换接头），相容性的问题就会减轻很多。如换新的一款化妆品，已有的化妆品若需要扔掉，消费者也会存在一定的心理障碍。

在服务领域，以新式餐饮为例，新消费群体的需求特征，不能再以“吃饱”为宣传导向，也不能再凭借干净卫生等基本需求去对接消费者。许多年轻人去一些餐馆吃饭并不是追求“吃饱”，还有“健康”“便捷”“实惠”等诉求，更倾向于“既好吃又好玩”的诉求。为此，从商品的形象塑造角度来看，就要考虑把食品（饮料）的功能属性退半步，而其休闲、娱乐、社交等属性则要进半步，并以此建立新定位。

只有这种可展现潮流属性的存在，授予消费者“展现”的机会，才能激发消费者去“发朋友圈”“打卡”，才能产生数字化口碑。有些潮流商品推出“限量款”“当年新款”等，也是为了鼓励和诱发消费者的口碑传播。

第三，被消费者群体认同的功能属性

消费者通过消费某类商品，找到一个志同道合的群体，并与其他群体做出显著隔离，满足被附加在商品之上的情感属性。消费者能够在认同或消费商品的过程中，获得一种群体的“相同性”或认同感，这是一种叠加在商品之上的“社交”“情感”属性。

这种情感，就会让消费者选择模仿行为，甚至是持续性的模仿行为。这种群体的认同性，不只会停留在口碑层面，还会在社会交往过程中，在线上线下的社交空间里，通过持续性的互动而实现延续。

对于那些具有群体消费场景或展示、炫耀属性的商品，尤其

需要塑造口碑，通过典型用户来吸引周边的消费者来使用，扩大市场空间。如一些以“口味”为核心差异的食品类商品，最终占据市场的是消费者认可的口感，而不是专家推荐的口感，也不是企业推荐的口感。而一旦某个口感被市场广泛认可，这种印象一旦成型，尤其是某个领先或领导企业把该口感提升为一种标准，则其他企业最明智的做法就是向这个口感靠拢。

案例：中国白酒的香型

中国白酒有几大香型，如酱香、浓香、清香和凤香等。这些香型种类已经让客户产生了味觉记忆，形成了对口味的连接。汾酒、五粮液和茅台先后成为白酒行业的“老大”，分别代表了三种不同的口味，清香型、浓香型和酱香型。然而，目前茅台公司以一己之力将“酱香型”白酒拉高为行业领军品牌，其他香型企业也不得不接受这个现实。

消费者已经把酱香型白酒视为一种市场居领导地位的香型，认为其高价位也是正常的。作为追赶者，是选择模仿和接近最强品牌的口味，还是创造出新的口味来，两者哪个胜率会更大一些？

市场给出了答案：许多大型浓香型酒企纷纷推出酱香型产品线，而一些中小型酱香型白酒企业也实现了迅速崛起。

在产品创新上，商家往往容易走入一个误区——出售“自己认为好的商品”。一些原大牌服装设计师在转型创业时就非常典型，他们在认识上的误区会导致高概率的失败。一方面，这些设计师在创业时没有现成的潮流品牌支撑，缺少一开始就能认可产品设计的基本盘客户，无法有效地引发潮流。另一方面，这些设计师独立创业，很大程度上是为了“放飞自己的创意”“不想再被老板否定”“给客户最好的”等，只愿意做自己认为好的商品，不能虚心从市场接受反馈并进行改进。这样，就很容易在相容性（与其他服装之间难搭配）和相同性（周边朋友不认可）上，存在短板。

在产品的相关性、相容性和相同性方面，每个企业都面临持续不断的竞争，也面临潮流变迁或更迭的风险。潮流属性需要消费者的认同与口碑传播，而那些失去金字招牌的品牌，都是因为失去了消费者信赖或认可的潮流属性。

2. 设计是竞争力

仅有品质（内容）还是不够的，还必须有形式（包装）来体现和衬托品质，时尚的设计本身就是一种竞争力。通过对外形、包装物及印刷内容的创新，尤其是时尚的设计，可以引发消费者的更多关注及与企业的互动。

当前，追求简约和简洁的设计风格颇受消费者欢迎，典型的是苹果公司、星巴克、Bule Bottle Coffee 等。乔布斯就有一个颇具创新性的开发与设计理念——少就是多。一般情况下，iPhone 每年只出一次新款，这与当时的诺基亚手机有极大的不同。不过，仔细反思一下，“少就是多”确有其内涵：因为少，公司就能集中一切资源攻关；因为少，只能做最好的产品；因为少，研发不允许失败，只能成功；因为少，顾客就认为值得期待，而不需犹豫；因为少，生产的供应链简化，效率大幅度提升；等等。

优衣库请来退隐的吉尔·桑达（PRADA 的设计师，以设计的简洁性著称）担任创意总监，消息一经公开，股价当天上涨 8.6%，从此不再有“优衣库是卖爷爷奶奶穿的衣服”的声音出现了。她推出的名为“＋ J”的男女服装系列，以高质量和高品位，成功地把优衣库的品牌形象推向了一个新的高度。

ZARA、H&M、优衣库等潮流服装品牌，都会在世界各地建立设计工作室，引进大牌时尚设计师，确保服装在设计之初就站在一个高的起点上。“不是把先入为主的想法作为设计的起点，设计师的想法应当是谨慎学习、研究和观察的结果。”保罗·兰德的观点值得借鉴。ZARA 会通过四个渠道获得创意灵感。一是全球各时尚中心发布或举办的时装发布会；二是各类有流行属性的交易会、咖啡馆、酒吧、舞厅、街头艺人、时尚杂志、明星等；三是全球各地高端品牌或竞争对手的当季流行服饰，用于“逆向工程”；四是全球专卖店的销售信息，用于分析畅销 / 滞销的款式、花色、尺码等特征，供设计师参考，以及销售过程中顾客所反馈的意见、店员的想法，甚至来源于顾客身上的流行元素等。

还可以对包装物进行重新设计，通过创新性的文案设计，引领一股文创新风。那些能够凸显中国传统文化元素的设计方案，当前也颇为流行。典型的如故宫的元素、以前不同朝代的宫廷元素等，都被设计师拿来进行再加工和再创新。

一般来说，可以把产品的包装按其内容分为三类：第一类是法定的，如配方、产地、安全说明或条形码等；第二类是必须的，如商标、名称；第三类是自由发挥的，如图案、说明、宣传等。在第三类上，其实发挥的余地还很大，诸如增加一些内容：漫画、小说、笑话或联名的 IP 等。白酒行业的江小白，通过“表达瓶”的内容化创新，闯出了一条新路。

案例：江小白的表达瓶

江小白与传统的白酒相比，呈现“简、小、低、嫩”的特点，包装简单、容量较小、度数较低、内容偏嫩。以“年轻人”为主打诉求，其内容如“有理闯天下，有酒我不怕”“给自己一个懒觉的时间，再阔步向前”等，而不是以“历史悠久”“金奖”“驰名商标”为诉求，站在了所有“历史底蕴”为诉求的老白酒的另外一面。

表达瓶的成功，让所有产品经理开始重视产品的包装，重视产品包装的媒体属性和社交功能。江小白的表达瓶实现了包装的媒介价值最大化，既建立了与众不同的品牌形象，又实现了与其他品牌的成功区隔，更重要的是引发了消费者的互动参与，延展了产品的体验感，尤其是口感外的体验，极具传播价值。

无数消费者的自发分享，微博、朋友圈等场合的传播，都是粉丝免费赠予江小白的。

还有，商品的颜色，在设计过程也需要非常重视。就商品的颜色而论，不同性别和年龄层次的消费者存在不同的偏好和选择，而且这是客观存在的。那么，在商品的其他维度和属性上，不同的消费者必然也会存在不同的偏好及偏见。

从消费者群体的角度来看，若将他们的心理偏好作为一种情感表达指标，对不同属性的认同数据进行统计，统计结果一定不会是均等分布的，也未必是正态分布，极大概率是有偏分布。这种“有偏分布”一旦形成，就会形成一种认知习惯，进而会影响对商品的选择和决策，最终表现出不同的消费行为。

那么，在产品设计过程中，可以通过诱导或激发相关情感，让消费者的认知发生改变，从不认同状态或没有认同状态，转变为认同状态；也可以顺应其偏好，以满足其偏好为前提进行设计。这是两种不同的设计思维。

案例：颜色的情绪

消费者对颜色的偏好，往往被引申为某种情绪。

为什么有的消费者比较喜欢白色（如苹果的主基调），有的消费者喜欢粉色（以年轻的女孩为主），而有的消费者觉得黑色很不错（以成年男性为主）等。进而，不同的颜色被赋予了热情、温情、冷静、冷淡等情绪，或奢华或极简等设计风格和语言。商品的颜色不再是随意搭配、不被重视的属性，而成为一个重点宣传的“特性”。

3. 产品的科技化

科技化既包括了产品本身的科技化程度，也包括了消费者对科技产品的认可和追捧（是消费者的科技化，或是“人”的科技化）。没有消费者的认可，科技类消费品的市场就无从谈起。

对一些具有科技属性的产品而言，其产品宣传聚焦点就应该是领先的科技水准，把行业最新或最先应用的领先技术进行最先宣传，往往会产生意想不到的光环。乔布斯把苹果公司的“新品发布会”这一形式发扬光大，把每年的新品宣传效果推升到了极致水平，每一次新品发布会都成了粉丝和媒体的嘉年华。“新品发布会”也成为苹果公司展现科技力量和宣传科技应用水平的舞台，特斯拉、华为、小米等公司纷纷效仿这一形式。

而那些“酷”“科技感强”“炫”“潮”的产品里，很多是用“科技化”堆叠来成就的。根据科技含量或水平的多少，甚至可以把消费品分为科技类消费品和非科技类消费品。其中，科技类消费品的科技水平往往成为竞争之焦点，而非科技类消费品更多集中在观感或品牌定位上。另外，富含科技感的品牌属性，也是一种特殊的感知或定位。

在某些特殊的商品中，技术含量影响往往是一个非常显著的评价指标，也是一个重要的市场竞争指标。那些需要凸显或者持续凸显科技含量的商品，就需要在品牌塑造和商品促销过程中，时时刻刻提醒消费者，把“科技含量”明明白白地告知消费者，提升消费者对“高科技含量”的认同度。比如，国内内燃机乘用车一旦形成“技不如人”的印象后，如果国产品牌不能在“技术含量”这个指标上实现反超，就很难真正树立起高端品牌形象，更谈不上超越国际豪华品牌了。

对消费电子类产品，如笔记本电脑、手机、MP3、Walkman 等，其中很多产品已经消失不见了。这些科技产品的技术迭代之快，让所有企业都不敢掉以轻心。一旦在技术层面落后，或被新产品迭代了，不仅品牌地位不保，该商品的品类都会出现坍塌式萎缩，乃至消失不见，这也是功能属性落伍的直接后果。

根据技术变革的快或慢，可以分为两种不同的情形。

第一种：技术变化速度慢，用一种新兴的技术嵌入

对于这类科技消费品或消费电子类产品，如果科技创新或突破的速度变慢，企业的经营压力更多体现在运营效率提升和成本节约上。如果能将品牌的营造集中在科技感上，创造出先声夺人的科技感，即便只是某一个方面或属性上有超出同类的科技感，就可以在市场上找到立身之本。

戴森公司采取了“高举高打”的模式，用“新奇酷炫的技术”嵌入传统产品，如吸尘器、吹风机和电风扇等产品，以更高的价格启动超高端市场，打造了一个非常强势的品牌，这是典型的用“科技感立品牌”的案例。戴森公司用高价位衬托高技术，用高出大众品牌 5 ～ 10 倍的价格打造了不一样的技术形象。不仅一举成为细分市场超豪华品牌，还介入了不同的家电细分领域，试图成为大类市场龙头品牌。

优衣库一直希望主打“价格不贵、质量不错”定位，然而，在摇粒绒衫出来之前，一直未能把“质量不错”这个形象树立起来。摇粒绒这种面料，最初并不用来制作大众化商品，往往是用来制作登山服和滑雪衫，一件商品售价在 1 万日元以上，属于高价商品。而优衣库推出的摇粒绒衫，最低售价只有 1900 日元，让原先价格昂贵的服装面料，能走入寻常百姓家里。摇粒绒衫在 2000 年秋冬季节销售了 2600 万件，成为历史上销量最大的“爆款”，这既叠加了“性价比”“物超所值”的因素，也是一种高科技位势的嵌入。

又如，消费者对食品高糖分的畏惧，体现为对产品低油、低脂、低糖的需求。为此，一种产品开发思路是选择走低糖化或无糖化路线，并以“无糖”作为卖点。但是，消费者对甜味的需求仍然持续且大面积存在，无糖产品即便很“健康”，但是口味并不能让消费者接受。为此，另外一条开发思路，就是寻找更加健康的甜味剂的路线。被添加到食品里的代糖，就先后经历了糖精、甜蜜素、阿斯巴甜、安赛蜜、三氯蔗糖、糖醇类等。更健康的代糖就是一种新兴的技术嵌入。目前，各大食品公司仍然在不断寻找更加接近蔗糖这种自然糖口感的代糖。

第二种：技术变化迅速，嵌入供应链强势技术

消费电子类产品的技术升级非常迅速，典型如智能手机市场，每隔 1 ～ 2 年都会换代。任何经典的产品都会被市场所淘汰，都会成为“过去式”。

对于这类新兴行业中高技术含量的产品，要成为领导品牌就必须通过“技术升级”和“技术迭代”。在不断追赶领先品牌的过程中，通过占据一些高端细分市场，稳步提升品牌位势，才能实现从品种到品类上的品牌提升。

华为的一些做法有借鉴意义。华为在不断追赶苹果的过程中，使用了多种拉升自身品牌位势的方法。一是连接了徕卡品牌的相机技术；二是连接了 Porsche Design 品牌，推出了限量款；三是自研芯片，尤其在5G上获得了技术领先。

案例：华为和徕卡相机的合作

徕卡作为相机领域的著名企业（高位势品牌），以质量上乘和价格昂贵享誉市场，它与消费者之间的潮流化连接就属于“刚性”连接。而华为手机与徕卡在相机技术层面进行独家合作，并标注了徕卡的logo，采取联名品牌方式，借道徕卡相机品牌实现与那些认可徕卡品牌的消费群体的刚性连接，提升了华为手机在拍照这个细分领域的行业位势。不仅如此，随着华为旗舰机型销量的上升，华为品牌的位势也水涨船高，成功地提升了华为品牌在商务、女性、年轻人等多个细分市场的认同度。

由于相机功能只是手机的一个主要功能，并不是最核心功能，因此，在合作过程中，华为手机仍然可以在不依赖徕卡相机的情况下独立与消费者建立连接。因此，华为手机仍保持了自身品牌的独立性。

对消费类电子产品而言，作为特殊的一类消费品，其功能模块化与科技化同步。当某个功能在科技上发生颠覆性的变化，则会引领产品的“代际变化”。

第三种：用最新技术改造传统产品，或推动新技术与传统产品的融合

一些传统产品通过智能化改造，可以增加一些“科技”属性。如在保温水杯里增加了蓝牙功能，可以把水温、水量等信息与手机 APP 建立联系，体现“满满的科技感”。目前，家电智能化的主要方向，仍然是增加通信模块，建立与手机之间的联系，以增加产品“科技属性”，也增加产品的远程控制功能和易用性。

另外，就是将传统产品与新技术进行融合，创造出一个新品类。如扫地机器人，就是传统的吸尘器与导航技术的融合。一旦创造出被广泛接受的新品类，就可以掀起潮流，引导潮流。

第二节 更快速出新品

时代在变，需求也在变。潮流本身易变，追赶潮流依赖于产品变革的速度。企业必须以变应变，不断变革、快速变革、持续变革，才能伴随或领导潮流。

很多潮流产品如同雪糕一样，一旦面市就会不断地融化（失去新鲜感），产品的生命周期非常短。这既有竞争对手的像素级模仿的原因，也有产品支撑技术的升级原因，还有消费者需求变化的因素。

1. 更快的上新节奏

潮流商品往往是由个人购买使用或直接用于个人消费的，而不是作为生产资料（对应的是“消费资料”）用于再生产的商品。消费者购买消费品的决策过程呈现多样化特点，是以个体体验和感知为支撑，以个体认知为依据的决策形态与决策逻辑。

由于消费者的需求是不断发生变化的，会生出不同的审美观、消费观，对现有的产品或服务也会出现审美疲劳。考虑到个人需求的层次之多、差异性之大、消费领域之广，市场上就需要存在数量众多、种类繁多的各类潮流商品，才能满足这些为数众多且千差万别的需求。

对潮流品牌来说，不变革不行，变革慢了也不行。在消费者群体的需求变化和数字化技术的持续演进的双重作用下，“求新求变”的需求被供给端的加速迭代所实现，所有企业在无形中都开始了加速变革，变革“慢”了也可能是致命的。

加快更新（上新）的节奏和速度，让消费者不断发现“新品”和“新潮”，是提升复购率的一种思维方式，也是激发和延续口碑的惯常方法。一成不变的产品线，往往是潮流产品的死敌。加快上新存在四个方面的好处。一是提升供应链的高效化和敏捷化，进一步降低创新的失败成本，以应对不创新被颠覆的失败风险。二是通过快速迭代上新产品，让消费者做出选择，汰弱留强，形成螺旋式上升的产品进化之路。三是通过快速上新，可以实现主动去库存。库存可以视为一种运营成本，也是导致企业死亡的“陷阱”。一旦形成快速更新的经营理念，就可以尽快处理换季的库存，减少库存的风险。四是潮流爆品的出现存在一定的偶然性，对那些非耐用消费品，用更多的款式来测试市场，能加大发现爆品的潜力。

服装行业的 ZARA 采取每周上新两次的频率，每年推出 12000 多种款式服装，并储备很多设计后尚未推出的款式作为后备。对消费者来说，会模仿明星穿着的款式，而不会模仿朋友穿着的款式，服装需求本质上仍然是求异的，会尽可能去避免“撞衫”。ZARA 的“小批量、多款式”模式，不仅满足了模仿和求异的需求，还营造出了款式的稀缺性。一些新兴的以“超快时尚”为形象的服装潮流品牌迅速崛起，其上新速度赶上并超过了 ZARA 和 H&M。

案例：ZARA的快时尚模式

ZARA 采取了“快速、少量、多款”的经营方法——“快速设计、快速生产、快速销售、快速更新”，在服装行业创造出了一种快时尚的商业模式，既更好地迎合了消费者，又避免了产品大量积压。

ZARA 每年要推出大约 12000 款时装，而每款时装的单店销量并不大，与其他类型店铺的单款大批量的销售模式迥异。这就要求 ZARA 必须从终端迅速获取销售的实时信息，及时掌控消费者的消费偏好，及时调整新款的迭代设计方案。这也对 ZARA 的快速供应链体系，以及设计师对全球流行趋势的专业把握提出了高要求。

同样，ZARA 采取了自控（几乎全部自有）专卖店的运营模式，这些可控（DTC）的终端，承担眼睛和窗口的功能，能做到不折不扣地执行公司的经营理念。

欧美零售研究机构 Fung Global Retail & Technology 2017 年的报告认为，消费者对即时性的需求，反过来倒逼了零售商的生产周期越来越快。他们把 Boohoo.com、ASOS 为代表的一批品牌称之为超快时尚（ultra–fast fashion)。

如餐饮行业，喜茶 2019 年推出了 240 多种口味，还有 2 ～ 3 倍的产品储备。这种做法不仅是通过不断尝试来验证新口味的流行性，更是让消费者体验到不同的、个性化的产品，用新口味、新品线的潮流化产品，来提升消费者的“复购率”。消费者对食品的需求，是希望朋友们都来模仿自己买过的产品，是一种求同的心态。同样，有些“铁粉”会因为口感的记忆性和认同性，不希望出现口味的变化。如可口可乐改配方导致消费者不满意的案例就是如此。对于潮流食品来说，仍然需要有变化，持续不断地上新，如增加一些季节性或时令性的口感或式样，就可以聚合潮流性和稀缺性。

产品创新的速度只有不断加快，才能适应消费者越来越个性化的需求。小米总结了自身的成功经验：“专注、极致、口碑、快。”

其中的“快”，就是要实现快速反应和快速迭代。

针对市场和消费者的需求做出准确的预测是很难的，一开始就完全正确的事情也是很难达到的，在软件行业尤为如此，不断迭代和打补丁是常态。而对多个预案在市场上进行实盘测试，并根据市场的反馈进行修正和调整，相当于从失败中进行学习和迭代，就可以不断接近最适合市场的需求。即便从失败中学习，也只有更快的速度，并做出更多的反应，才能在测试中找到成功之道。在同样的时间周期内，如果能测试和上新更多新品，与供应链形成加速联动，就能根据其流行的情况，加大潮流款式和产品的供应。如元气森林试验了几十种想法才确定了燃茶的产品，气泡水则测试了 100 多种方案，前后花了 1 年多时间。

为此，要对企业原有的调查、设计、改良、再调查的思维方式和操作模式进行优化，把那些积极评价（包括购买行为）的消费者纳入其中，吸纳群体智慧，并针对新消费群体的特性进行方法改良。在企业决策过程中，这些忠诚的客户的评价信息，可以让企业决策速度更快、更精准，也能获得消费者更高的忠诚度。

有些行业或领域里的消费者个性化非常强，企业只能用产品的快速变化来应对需求的变化，用产品的持续创新实现自我替代，实现对市场的占有，以防止被竞争对手替代。通过加快上新的节奏，以多种款式或类型产品在市场上实盘测试，同时也要尽可能多地存留一些经典的产品、款式或系列（名称）。那些可以让消费者持续认可的特性，能减少新品入市的生疏感，加快市场接受度和塑造新口碑。还可以采取既保留产品形象（名称或品牌），又通过技术迭代升级，持续提升产品品质的方法，拉长这些产品（或款式，或系列）的生命周期，提高财务回报能力。

品牌的延续是一种高维度优势，而长销商品则是更高维度的优势，因为品牌也需要长销商品的烘托和支撑。如果能通过产品创新，拉长某一款或某一类商品的生命周期，就可以在商业模式上建立更高维度的优势（升维优势）。企业产品创新的导向目标，不仅是要做成“畅销品”，更要考虑做成“长销品”，最佳的商业模式其实是长销品。同时，也要在“长销品”和“共塑口碑”之间，找到一个同存之道——既要能延续某款、某系列商品的生命周期；又要通过主动的创新求变，维系和激发“长销品”的口碑。如优衣库的产品线里，有许多是可实现“百搭”的基础款服饰，这些基础款的变化非常少，可用来和那些变化较快的快时尚款式进行混搭，这类产品线就能实现“长销”，可获得在产品线组合上的优势。

2. 快速销售是命脉

对于产品创新的标准，“不是做好的商品如何推销出去的问题，而是如何生产出畅销商品的问题”（柳井正）。无论多么好的商品，必须实现销售，迅速把企业库存变成现金，变成企业利润，这才是一个健康的经营模式。

终端的运营效能决定了商品或服务变现的效能，决定了消费品企业的现金流回笼情况，决定了企业产品和服务在终端的占有率及消费者认可度，也就决定了企业的成败！

有些潮流商品贬值的速度非常快，库存风险特别大，这点在服装行业尤其明显，女性服装的流行周期就非常短，如果再考虑换季因素，那些未能出售的服装库存就有可能把企业压垮。很多服装生产或零售企业，最终出现经营失败都是因为库存出了问题。作为国内服装快时尚 B2C 模式的开创者，诞生于 2007 年的凡客，2011 年最高销售额超过 30 亿元。然而，在快速成长过程中，高额库存的风险如影随形，最终压垮了企业。

在潮流品牌群体中，如果采取定价略低一筹的经营策略，更要提高销售的速度和周转率，这也是保持盈利能力不下降的必由之路。能否在终端实现规模化、高效率的销售，不仅决定了企业能否持续成长，更是决定了企业的生死存亡。

从销售的效率来看，那些不分年龄、性别、国籍、职业、学历等，面向非特定用户的大宗销售的商品销量最高。典型的如 iPhone，秉承“少就是多”的产品开发理念，用非常少的款式面对更广的消费者，其前端的效率非常高。同样，后端产业链的组织和生产效率也可以做得很高，尤其是这种消费电子类商品，库存价格存在贬值风险的行业更是如此。优衣库的母公司名称是

“Fastretailing”，翻译成中文就是“迅销”——迅速地销售，迅速＋零售。正如一句古话“货如轮转，财如泉涌”，一定要快速周转。第一时间响应并能够在消费者群体里引发潮流的企业，必然会获得领先的优势。

3. 克服成功的依赖

过往的成功，对潮流品牌的创新来说是一个障碍；而来自消费者的认可和追捧，则是克服障碍的最好办法。

星巴克创始人霍华德曾回忆，由于浓缩咖啡的模式过于成功，产品创新就很难脱离原有的配方和饮品的窠臼。面对顾客健康化饮品的需求，公司推出的无脂牛奶调配的咖啡系列，很难获得领导层和资深员工的内心认同。虽然新品类的市场销售结果让这些人不得不接受现实，但仍然有部分公司人员并不认同无脂牛奶所调配的咖啡类饮品，认为星巴克不再是纯粹的意大利式风味了。不过，在创新精神驱使下，公司还是积极响应顾客需求的变化，跟随或引领潮流，先后推出了乳品饮料“星冰乐”、果肉类咖啡、啤酒加冰及果汁类等各式各样的饮品，最终离意大利式咖啡风格越走越远，而离客户的真实需求却是越来越近。

企业对产品改进节奏的思考或理念，要么是来自竞争者创新的压力，要么是来自消费者需求变化的逼迫，要么是来自内心变革的诉求。只有这种发自内心的“更快”理念驱使，才能胜任潮流化商品的变革节奏。更快的上新节奏，包含了研发创新速度、市场测试速度、反馈改进速度、货品运营速度等在内的全流程提速，企业要把全流程的提速作为一个核心战略来实施。

第三节　爆品激发潮流

潮流都是靠爆品引发的，没有爆品的潮流往往不可持续，甚至无法有效激发潮流。

1. 潮流需要爆品

“爆品本身就是最好的传播载体”，爆品既有口碑热度，也有市场接受度，能最大化引发模仿行为。互联网技术的发展导致信息传递速度加快，人气产品的爆发速度会更快，传递范围也更广。

通常大家认为，个性化必然会带来选择的多样性，这与企业对爆款单品的追求应该是相背离的。但是，一些成功的商业案例表明并非如此，反而是爆款单品更容易形成，“爆款”“头部”更容易出现。究其原因，一是产品设计理念更加呼应潮流，以苹果公司为代表的主张“简洁、美观”的大单品开发策略的成功，鼓励越来越多的企业押宝大单品；二是由于信息传递的快捷性，一旦某个产品在新消费群体内得到积极响应，掀起的购物潮流会导致产品快速爆发上量，形成正循环加速普及，并形成更大的抢购声势。

只有爆款产品，才能有效引发口碑广泛传播；爆款产品的口碑，又会加速爆款的上量。爆款产品本身富有高位势，能够形成口碑的集中性传播和话题性延续。优衣库的摇粒绒衫成为爆款，就是一个典型的案例，其使用了高档商品的面料，并辅之以较低的门槛价格，成功地制造出一个“爆款”。后来推出的 Heattech 系列服饰再次成为爆款，其创意来源与摇粒绒商品相仿，优衣库再次获得了成功。

案例：优衣库的爆品

潮流性“服装”爆款现象的出现，让企业觉得欣喜；同时，“撞衫”也会大面积出现，这难免会让企业颇为无奈。

优衣库在 2000 年秋冬时节，面向市场推出 51 色彩的摇粒绒衫，原计划是销售 1200 万件，实际销售 2600 万件，成为历史上最畅销的商品（加上往年销售，总计超过 4000 万件）。但是“那些曾在流行浪潮中抢购摇粒绒衫的人，那些买了摇粒绒衫又买了其他商品的人，那些因为买了优衣库服装而到处‘撞衫’而觉得不爽的人，渐渐地远离了优衣库”。其后3年，优衣库门店销售大幅度下滑，出现了同比下降的现象。J-CAST新闻在2009年还曾以“穿‘优衣库’会感到羞愧吗？”为题做过报道，旗帜鲜明地指出优衣库的撞衫问题。

消费者对服装的需求是一种求异的心态，虽然希望自己穿得像个明星，但并不希望别人也来模仿，不希望出现“撞衫”。而ZARA的模式，就不会出现“撞衫”这样略显负面舆论的问题。

如果出现了爆品，又叠加稀缺性，就容易被认为是“饥饿营销”，进而引起一些话题。即便是因为供应链难以应对短期爆发的需求，也会被认为是在玩“饥饿营销”的把戏，这是口碑的两面性。

很多爆品往往来自性能的特异性或材料的稀缺性。以服装行业为例，在款式上往往借鉴奢侈品或高档服装的流行设计，在原材料上则会挖掘一些高档商品所用的稀缺性材料，这就容易引发“话题性”，就能作为潮流商品掀起时尚化浪潮。

2. 定义新品类

市场会奖励那些创新者，奖励那些创造和（重新）定义新品类的公司。成功创立新品类的品牌往往有先发优势，这是消费者对创新者的褒奖。全新的品牌往往是伴随品类而诞生的，一个全新品类的诞生会产生一个全新的品牌。诸如苹果、特斯拉、iRobot等，创建了智能手机、电动汽车、扫地机器人等新兴行业，并在该领域首先构建了自身的品牌位势。从目前来看，这三个公司的品牌创建是非常成功的，仍然是这三个行业最强势的领先品牌，这是创新者的最大收益，也是创立高位势品牌的最佳途径。

除了创立者（首创者）外，其余皆为追赶者或模仿者！在随后的一段时期内，消费者对跟随者往往存在偏见（也是对领导者的奖励和溢价）。那么，对于那些追赶者或跟风者而言，如何抓住这个新兴的市场机会，如何打造自身的品牌空间呢？首要考虑的是，这些企业都会面对一个存在于消费者认知内的“刻板印象”！

从创新品类的角度来看，解决现有商品的“不方便”“痛点”，可能是一个创新品类的方法。如，咖啡伴侣的发明即是如此。消费者在饮用咖啡时，通过加糖或加奶的方式改善口感，这种行为让消费者觉得“不方便”。而“咖啡伴侣”则完全是一种创造，调配了包含糖、奶粉及植脂末等原材料，可以改善咖啡口感、提供均衡营养等。随后，又出现了调配式咖啡（小包装），相当于把咖啡和咖啡伴侣混合在一起，直接冲泡即可饮用，使用起来更加方便快捷。再后来，出现了即饮式罐装咖啡饮料，提供了开盖即饮的功能。这个创新的路径，始终围绕着消费的方便性进行创新。

另外一个案例，保健酒卖的是酒，还是保健品呢？从销售规模和业绩持续性两个方面来看，卖保健酒的龙头公司规模和业绩更加稳定。这种是两个行业交叉或相互关联所产生的新品类机会。

案例：保健酒卖的是酒，还是保健品？

保健品卖的是保健功能，还是一种心理作用呢？

以国内保健品零售市场为例，2019 年单品规模最大的是阿胶，销售额约为 40 亿元，这也受益于阿胶药品 OTC 的认证。其他规模上 10 亿元的保健品数量不多。

那么保健酒呢？从其功效的主要成分来看是白酒，而非药品。国内最大的保健酒单品销售规模超 100 亿元，远远大于其他单一保健品的规模。而把其归属到白酒领域，该品种的销售规模也是非常靠前的。那么，保健酒卖的是什么呢？

企业源源不断地投入研发，去创造新产品和新品牌，获得新增长。定义新品类，就是一种升维的理念，去创造一种全新的游戏规则，那些现有品类将无法在新的游戏规则下参与竞争。总体来看，抢占新兴品类中的最优位势、重新定义新品类的最佳品牌或占据现有品类的最佳品牌，都是可以尝试的机会。

保健酒是一种酒精饮料与保健品的复合产品，更是一种可以共生的市场状态——既是有保健功能的酒精饮品，又是带有酒精成分的保健品——实现了在两个大类市场的差异化定位。在产品定位上，选择与强大的竞争对手“共生”，或许是一条另辟蹊径的创新之路。

案例：林清轩的“共生”品类定位

2016 年，林清轩品牌定位从“大众化”到“高端化”的提升过程中，放弃了精华液、化妆水、面霜、彩妆等产品形态，只聚焦山茶花润肤油这个品类，实现了品类聚焦；放弃了美白、祛皱、补水、保湿等功能定位，而是选择了“修复”功能，有别于国际品牌聚焦的“修护”功能，实现了功能聚焦；同时，在使用场景中，也选择了“添加”使用而非“替代”使用。

山茶花润肤油的品类和功能定位，完全避开了国际品牌的优势领域，并塑造了一个与“修护”市场共生的“修复”市场，塑造了一个“让肌肤发出自然、健康的光泽”的市场。

3. 性价比游戏

领导品牌往往是创新引领者，或是竞争胜利者。领导品牌有两种：第一种是行业内领导品牌，第二种是某个细分领域的领导品牌。一般来说，行业内领导品牌一定是某个细分领域的领导品牌，而某个细分领域的领导品牌则未必是行业领导品牌。对于领导品牌而言，更多要强调“生活品质”“场景意境”等品牌调性。

追赶者所创立的新品牌，通过卖高价而实现爆款的成功案例非常少，尤其是在价格体系非常透明的线上渠道里促销；而通过主打性价比，通过卖得比竞品便宜而实现爆款的，则比比皆是。这也符合消费者的认知行为习惯，为新出的陌生品牌付出高价不符合群体的理性行为。

对于新建品牌或追赶品牌，品牌力不足时，“性价比”往往成为首选的竞争策略。除了在“价格”上出现折让外，还会宣称某些性能的卓越，在与行业标杆产品进行对比时，往往以“超出一头”“碾压”“大幅度超过”等为卖点，试图用产品力来弥补品牌力的不足。

以国内手机行业的产品发布会为观察点，可以发现除了会强调某芯片的“首发”外，还会强调“屏幕分辨率”“摄像头分辨率”“充电速度及功率”“后盖材质”等。而国内白酒行业，在中高端产品系列里，则主要强调“酒龄”，用更长的基酒来弥补品牌力的不足，用“长酒龄的基酒”来提升产品价格；也会强调另外一种特殊的味道，试图在大的香型细分市场内，再次划出一块新的香型市场，如主打“绵柔浓香”“厚重酱香”等，力争成为细分市场的“领导”品牌。

如果在“功能”上难以体现出商品的差异性，即基本需求无差异；或没有优越性，甚至是显劣性；那么，只能在其他属性上构建与某类特殊需求的连接。所谓的其他属性，可能是一种情绪或其他刚性需要。同样，“其他属性”也必须是与“功能”密切相关的，必须保证两者之间的密切相关性，即便相关性是弱性的。

以“性价比”为品牌宣传的主题，所挑选的往往是竞争对手不具备的优势或是明显的弱点，形成一种“倾向性”宣传。一旦消费者的决策逻辑被潜移默化地改变，新品牌就构建了自身的客户群体。在比较对象的选择上，往往会有意选择那些豪华品牌，那些处在第一位势的品牌（也是一种借势行为）；在比较性能的选择上，往往会选择那些可见的、可感知的性能；在比较价格的选择上，往往会用一个略低的价格，或让消费者觉得有便宜可占的价格定位。归纳一下，选择一个“行业标杆”来对标，寻找几个性能指标PK，再加以价格低的优势，“性价比”的形象就成立了。

4. 需要有稀缺性

要迎合新兴消费者“求新求变”的消费心理，就要力争把价格卖得高一点，才能把品牌的位势提升起来。营造“稀缺性”就成为支撑价格的一个重要理由，那些经常断货的或被视为饥饿营销的商品，往往更有媒体缘或话题性。奢侈品牌尤为擅长营造“稀缺性”，在2020年疫情期间的涨价行为即是如此。缺货往往是常态，不缺货反而是非常态；所缺的往往是那些经典款（classic），而新款往往是有货的。这是产能不足，还是“饥饿营销”呢？

在“断货”之余，必须有“替代品”，否则就要玩脱了。产品的稀缺性既是供给维度的视角，也是需求维度的视角，要能够得到消费者的认可或者追捧，才能竖起高端品牌的形象。盲盒模式所兜售的也是稀缺性，小概率出现的“隐藏款”，带动了大量的“普通款”出售。那些二手平台上高价出售的“隐藏款”，不断鼓励消费者去“小赌”一把。

有些依托互联网所创建的新品牌，也选择主打“性价比”，而一旦能够成功地爆款或上量，则其DNA蕴含的“性价比”因素就难以改变。通过互联网塑造品牌，很容易让消费者记住了“价格”而忘记了“性能”，尤其是那些追求“低价走量”的产品。这些品牌也会因为过于强调“价格”，而导致品牌位势定位在第二档甚至第三档，难以突破价格天花板而成为第一档。这种突出低价格的形象，也与线上渠道本身对新品牌的引导和诉求有关。

SHEIN作为纯互联网服装品牌，没有采取入驻传统的百货渠道或者开设直营旗舰店的方式，而是通过短暂地分布于巴黎、里昂、伦敦等城市的快闪店，来营造品牌的独特感。如果不是品牌的忠粉很难能发布一张店铺的打卡照片，这营造了一种社交氛围（机会）的稀缺性。

另外，一种高档（或稀缺）原材料的导入，本身就是在创造稀缺性。当这种原材料普及后，稀缺性也就消失了。有些品牌选择潮流化的设计、高于大众品牌的价格，低成本改造奢侈品所用的原材料，就能以稀缺性面市，往往能够出现爆款。

第四章
塑造高位势属性

首先，每个公司必须代表某样东西；其次，不能仅仅向顾客提供他们想要的东西。

——霍华德·舒尔茨

潮流的形成需要一定势能，必须通过在市场借势造势所形成的“高位势”，来塑造高影响力。

潮流品牌要尽可能把价格定在相对高的位置上，高价格也代表一种高位势。

品牌力的塑造耗时长，难度大，高端品牌尤为如此。

第一节　占据高位势

加布里尔·塔尔德认为，时尚有两种主要的传播方式：一是从上而下的瀑布式传播，从社会上层优秀者流入下层普通大众；二是从个人内部向外部，由心里想象到实际行为的转化。第二种方式是后者对前者的心理过程。因此“下降律”是时尚传播的主要规律。

潮流的形成需要一定势能，潮流品牌的定位，必须通过在市场借势造势所形成的“高位势”，触达更多的消费者，触达消费者的内心，才能实现销售的转化。要实现品牌位势高度的提升，就必须先找到可资借用的“势”，还要能维系高位势。

高位势，实质上是一种高影响力。要在消费群里培养出“影响力”，首选那些能够引起最大影响力的消费群体，或某个具有潜力的细分人群，作为“第一个保龄球”。并以被击倒的“第一个保龄球”为基础，引起连锁反应，击倒其他“保龄球”，成功扩大现有的消费群体。

潮流品牌也可以少做广告，可以靠口碑传播，包括有影响力人士的代言，及各类宣传和讲解；也可以利用潜意识定位，通过商圈中心、周边品牌等地点位势进行潜移默化的效果转化。要成“高位势”必先借用“高位势”。“借势创建，以势服人”，是创建新品牌最通常的路径。有以下几个位势可以借用：明星位势、地址位势、高位势品牌、广告位势、渠道位势。

1. 明星位势

明星位势，是那些能够让消费者认同的“明星”“专家”“榜样”，是让消费者愿意遵循的“人生标杆”和“行为准则”。请明星或名人代言，在媒体上做广告，等等，都是一种“借势”。有些明星或有影响力的知名设计师，创立自身品牌，本身就是一种“自带光环”。

特斯拉在2008年推广Roadster系列跑车时，优先出售给那些大牌的电影和体育明星，营造出一种“稀缺性”的形象；通过与传统赛车比拼“百米加速”等活动，成功地把“炫酷、高科技”概念兜售给消费者，树立了新能源汽车的领导品牌，打消了新能源车原有的“价格低廉、充电难、里程短”等“负面认知”。

国内白酒行业打了许多年的“国酒”官司，从表面上看国内诸多白酒生产企业反对某个白酒企业注册“国酒”商标，把“国酒”标识私有化。其背后却是“国酒”在国内的深刻含义和影响力，一旦被某个企业私有，就占据了全行业的唯一高地。

请明星做广告，也算一种与高位势品牌建立连接的方式。至于请何种明星或名人，就属于“选势”的方法了。对于一个潮流品牌来说，是选择那些可以替奢侈品品牌代言或同一档次的明星，还是选择那些在年轻人中更有号召力的明星？从面向年轻人的品牌定位来看，是分别选择多个有典型个性的明星，还是选择极具号召力的单一明星？由于明星接广告范围广泛，单一广告在明星的粉丝群里能否转化为某个品牌的消费者，仍然存在很大的变数。这种通过广告将品牌与明星建立连接的成本也较大，而且，明星也会去接其他类型广告，会冲淡广告的效果。

为此，选择那些为数众多的 KOL（或 KOC），就成为另外一种建立高位势的方法，成本也相对较低，所覆盖的面相对较宽，粉丝转化率也相对较高。这也是互联网时代，新兴品牌可以借势的创新之处。

2. 地址位势

有些业态如餐饮企业，一些地址位势必须去抢占，否则，就没有行业地位。地址位势，不仅要考虑一个城市的地域，还要考虑一个城市的核心地段或商圈的核心位置。

如创建在上海，主打二、三、四线城市的沪上阿姨奶茶，采取了一个典型的借势策略。第一家奶茶店开设在上海最繁华的人民广场商圈，凭借这家高客流量的店铺吸引到了来上海旅游、考察的第一批加盟商。

俗话说，“如果不能吸引人流量过来，那就要到人流量集中的地方去开店”。同样，到人流量集中的地方去开店的难度，往往也会较小。这些线下人流量集中的地方，必然也是存在刚性需求的场所，就会产生流量价值，这是一种“入口”思维。

优衣库在总结“从失败中学习到的教训”时，分析那些经营失败的店面，其中有一条重要原因是“地块位置太差”。原来优衣库的标准店都是开在城市的郊外，是面向主干道的“郊外型”商店；而后来基本上都开在市中心，开在购物中心、百货商店、车站广场店里。优衣库 2000 年进入伦敦市场，第一波的开店潮同样也是在选址上犯了错误。优衣库经过经验总结，定了几条选址原则。其中，有一条就是要开在商业活动频繁的闹市区，全球旗舰店要建在豪华时尚地段，选择与一线奢侈品牌为邻。

城市里一些人流量集中的地方，典型的如公交车换乘点、地铁站、医院附近、学校附近、商圈或高铁站等；其中，高铁站和地铁站的人流量更大，位势也更高。如某出售鲜奶及面包的上市公司，在医院附近的门店坪效可以达到 40 万 / 年 • 米^2，在地铁站及机场的店铺坪效也超过了 30 万 / 年 • 米^2。

案例：到人流量集中的地方去

高位势的地址，往往可以缩短消费者触达的物理距离。

如某文具公司成立于 2008 年，从事品牌书写工具、学生文具、办公文具及其他产品等的设计、研发、制造和销售。截至 2019 年底，有近 8.5 万家零售终端（全国约 18 万家），市场总体覆盖率近 50%。

分析其店面布局，可以发现很多店面都是开设在学校附近，尤其是小学、初中和高中校门口位置，在学校周边商圈的覆盖率高达 80%。这些学生对文具使用量非常大，也属于刚需，每天上学放学必然经过该文具终端门店。

当然，也有选择在核心商圈内稍偏位置的做法，当租金成本高昂、开店地点稀缺等成为扩张阻力时，寻找人流量可导入的边缘位置，也是一种退而求其次的办法。优衣库在创业之初的地址选择，海伦司小酒馆的地址选择，都采取了这种策略。采取这种地址选择，必须有与之相匹配的商业模式，同时采取如配置一些能主动吸引人流量的商品、吸引回头客与增加复购率、不断降低运营成本等经营方法。

3. 高位势品牌

品牌是消费者对产品及服务的认知程度的高度概括。产品会老化、会过期、会失效，而品牌却可以在长时间内延续。品牌提升了信息传播的效率，易于消费者准确与便捷地识别出产品及服务，是一种复合型概念和形象进行简易表达的方法。

新品牌也可以借用其他高位势品牌的影响力，达到提高自身品牌影响力的目的。在互为竞争对手、互为合作伙伴、跨行合作、付费使用、并购使用等不同情形下，都可以借用高位势品牌的影响力。

（1）互为竞争对手

这种情形往往被称为“碰瓷”或“搭车”强势品牌，如果能够引起高位势品牌的关注或回应，借势的效果往往会更好。在2000年，“天然水”主动与“纯净水”打了一场口水仗，天然水在一系列的打官司、口水仗等活动中，成功地获得了消费者的认可，把天然水的市场从小众做大，并成为瓶装水的主流细分市场。

这个案例，属于新品牌或弱品牌强行与高位势品牌建立连接的方式。虽然这种连接属于“互斥的”“对立的”，但这种“对立”的做法，却容易引起市场的“争议”与“关注”，弱势一方如果能博得舆论的同情和认可，往往会得到极大的市场回报。这种做法比较适合非科技类产品，消费者以感觉支撑购买逻辑的商品，诸如食品、饮料等。

在服装行业，塑造高位势的最好办法就是与高位势品牌为邻。典型如 ZARA 一般选择高档的商业区和繁华的交通枢纽，如巴黎的香榭丽舍大街、纽约的第五大道、米兰的艾曼纽大道、上海的南京西路等，周围几乎都是 Chanel、Dior、Prada 等全球顶级品牌，既能吸引时尚消费者前来购买，也有利于员工获得最新的时尚信息。虽然 ZARA 把大量的资金花在开店费用上，尤其是租金上，考虑其广告费用非常少，在品牌塑造上费效比是比较划算的。另外，优衣库在伦敦启动第二波开店潮时，选择了几乎同样的策略。

（2）互为合作伙伴

这种情形往往存在于那些有供应商关系的上下游企业。如华为手机与徕卡相机的合作，是华为要借助徕卡在相机界的影响力和拍摄系统的先进技术。而联想等国产电脑品牌与 Intel 之间的供应商关系，更多是由 Intel 所主导的，用“Intel inside”来加强自身在终端产品上的影响力。

在有供应商关系的合作方式里，作为上游的供应商如果行业位势比较高，则下游的产品很容易出现被“反客为主”、为他人做嫁衣裳等情形。在 PC 领域，各式电脑往往要标记“Intel inside”，并将 CPU 的性能作为主要卖点，整机厂家的品牌力皆被 Intel 品牌影响力所覆盖。因此，在借势过程中，下游的商品不仅要考虑如何借力乘势，还要考虑不被覆盖，要想办法用自身的品牌与消费者建立直接连接。要提升品牌影响力，不仅在于自身的努力，也在于上游供应商的行业位势（竞争格局）的影响。

（3）跨界合作方式

还存在两种互相合作的品牌是“跨界（不搭界）”关系。如“周黑鸭”和“谜尚”一个是辣味食品，一个是化妆品；如RIO与英雄，一个是调味酒，一个是墨水；如泸州老窖与钟薛高，一个是白酒，一个是雪糕。“跨界”合作寄希望于“交叉授粉”，两个不同品牌、不同领域的消费者，能够为另外一方所吸引，同时也能成为另外一方的“粉丝”。

通过品牌之间的“交叉授粉”可以扩大影响力和增强位势。如出两个品牌的联名款，或同时举行活动等。这种行为更多是一种“出圈”与“扩圈”，是希望两个或更多品牌产品的粉丝能够相互转化，增加各自粉丝的数量。如2019年7月，香飘飘旗下Meco果汁茶与“王者荣耀”联合推出“无限王者团”限量联名款，当月该果汁茶的复购人数实现周比增长200倍。

案例：RIO的品牌塑造

RIO微醺系列，广告语是“一个人的小酒”，重点宣传了消费场景，强调陪伴角色。2018年与年轻用户占比高的B站合作，推出了联名款肥宅快乐酒；2018年与六神花露水跨界合作“RIO 六神花露水味鸡尾酒”；2019 年与老字号英雄牌墨水推出了英雄墨水鸡尾酒跨界产品；还在 2019 年选择邓伦为其产品代言人，捕捉年轻人“潮酷好玩”的消费心态。

2020 年，RIO 还开设了线下微醺主题轻饮实验室（RIO LAB），门店设计并没有采取以往的酒吧设计思路，而是借鉴了星巴克等潮流化消费品的设计理念，使用了简单明亮的色调、大片的落地玻璃窗、开放式饮品制作的空间感，营业时间段也与奶茶店等一样，打造了日常饮酒的场景，让消费者感觉喝鸡尾酒可以与喝奶茶一样。

另外，与跨界合作方式不同，还有跨界的商业活动。如“老干妈”（知名辣酱品牌）、“云南白药”（知名中药品牌）、“康师傅”（知名方便食品品牌）等参加 2019 春夏纽约时装周，也是一种“跨界”行为。这种行为更多的是为了扩大品牌影响力，不是简单为了卖产品，更不是为了卖衣服。也会出现一些企业搞了很多活动，比如“联名”“文化”等出圈行为，却无扩圈实效，主要是因为没有引起“共鸣”。

当然，随着跨界合作的案例越来越多，跨界联名的产品越来越泛滥，曝光速度越来越频繁，消费者也会对跨界合作不再有兴趣，新鲜感与稀缺感会逐渐走低。在跨界合作上，也需要企业再创新，才能闯出一条新路来。

（4）付费使用他人 IP

还可以付费使用他人的 IP 形象或品牌，如 Hello Kitty、Disney、Porsche Design 等广为人知的可付费使用的品牌；其中，有一些是潮流及高端属性的品牌。获得品牌授权其实就是获得粉丝（授粉），付费获得授权品牌的使用权，可以减少新品牌入市时的苍白感，直接获得了知名度和影响力。知名品牌不需要再次进行解释，留下来的印象足以保持与消费者之间的连通性。通过引入这些公众类 IP 或品牌，可以更加有效地启动市场。付费使用其他品牌的做法，如果不采取联名的方式，就没有自主品牌，无法打造自身的独立品牌。比较典型的如“南极人”品牌的授权模式，自身不使用品牌，而是授权给数十家衣服、鞋袜、箱包等企业使用。所有使用者皆无自主品牌，只用“南极人”品牌。如果授权数量过多、门类过广，品控出了问题或价格差距太大，也会增加品牌使用企业的经营难度。

除了品牌之外，还有就是借用 IP。IP 是连接消费者和商品的一种载体，类似于品牌。在迪士尼的动画王国里，尤其是“漫威宇宙”里，不同电影的主角经常会到其他电影里串场（俗称打酱油），既是照顾不同主角的粉丝，增加曝光度，也是为了给新电影或新主角增加粉丝基础，吸引这些老主角的粉丝来光顾。

（5）收购强势品牌

也可以对拥有品牌的公司或资产进行并购。如 3G 资本的并购＋运营的经营模式；吉利并购沃尔沃也是这个模式，通过并购实现了品牌的升级。并购强势品牌，就可以借助和利用消费群体的“刻板认知”；另外，“舶来品”或仿“舶来品”的品牌，或其他强势文化支撑的现有品牌，回到本土市场发展，也能获得一定的高位势。

许多国产品牌服装，往往会在有一个中文名称后，又起了一个英文名称，也是为了拉高位势，体现时尚；甚至有国产品牌，只用英文（或日文）名称，不呈现中文名称。如果再将店铺开设在商圈中心位置，在周边的国际品牌的映衬下，一般消费者更是难以区分是“国货”还是“洋牌”。

4. 广告位势

对新品牌而言，影响力是从零起步的。广告是培育影响力的手段，做一些广告和宣传往往是必需的。然而，要通过广告建立位势，其难度要大很多。因为，要能被提及、被知晓，仅仅有知名度是不够的，还需要有美誉度。要存在一定程度的好感，就必须匹配其他方法来获得美誉度方面的影响力。

要把广告用好，首先要考虑去物色合适的影响力。如芒果 TV 客户群调查数据显示，其用户 35 岁以下占比为 80% 以上、77% 属于女性。那么，对于那些以年轻女性为主要客户群的品牌，通过芒果 TV 进行宣传就容易找到共鸣人群。另外，还要考虑文化因素，广告的形式和内容的文化因素。通过物色那些年轻人扎堆的播放平台，定位比较专、客户群年龄比较低的内容型渠道，如芒果 TV、B 站、小红书等，与这些平台合作，可以实现低成本方式对核心客户群的精准投放。

案例：广告越多越好?

《远东经济评论》（2003 年 2 月 13 日）讲述了一个案例，1989 年柏林墙倒塌时，营销传播公司 Grey Global Group 接到一笔业务——在波兰市场推销一种新的洗衣粉。从品牌、包装到广告，一切看起来完美无缺。于是产品进入市场开始销售。可是，广告投放后，销量却开始下降。厂家只得重新审视广告策略，但他们从中找不出任何错误。

Grey Global Group 亚洲运作总裁认为：“一定是媒体投入不够。于是我们将投放增加一倍，但销量却下降更多。我们将广告开支增加两倍，销量跌得更厉害了。实际上，我们发现，广告开销的增加和销量的下降存在直接联系。”

通过营销实验发现：在波兰，人们认为只有“低劣产品”才靠广告销售。

“如果要我总结，我认为，和西方人相比，亚洲人对广告的免疫力更弱一些，他们的情绪更容易被一项广告调动起来，而西方人会说，‘这不就是一种洗发水嘛！’”

这是个教训，让 Grey 公司开始留意广告策略的文化差异。

另外，就是广告的投放策略，是零散的投放，还是集中的投放。其中，集中投放更能形成明显的位势。如果广告再能结合一些话题性（或故事性），就更容易吸引消费者的注意力。如“大自然的搬运工”听起来就比较形象立体，又有故事性。

在产品的设计形象上，广泛借鉴其他国家尤其是发达国家的文化形象，也能获得高位势的效果。如网红饮料企业元气森林的公司名称，元气森林牌气泡水、燃茶牌饮料、乳茶牌奶茶饮料等产品的名称、商标、形象、包装等，都有浓郁的“日系风格”；如名创优品的 logo、产品外观、店面设计等，也能找出与“无印良品”的相似之处；如“奈雪の茶”的名称容易让消费者有“日本风格”的联想。这些品牌或产品使用日系风格，就是想在消费者心智中嵌入“高品质”“进口商品”“日本商品”等高位势的形象。

5. 渠道位势

首先，要选择符合目标定位的人流量，选择那些目标客户人流量非常大的渠道，这些渠道的位势就会比较高。如果是线下，就选择高位势地址开店；如果是线上，则选择流量人群准、流量规模大、流量快速增长的第三方平台。

其次，有互动性的渠道位势也是比较高的。在开发新产品过程中，有些企业往往会先行选择地区试点，然后对产品、宣传、定位等进行改良，进一步提高“影响力”。这就是通过“互动”来提升研发的精准性和营销策略的准确性。通过最小单位市场的试点，来分析和总结问题，进而找到激发基本盘客户的办法。

对于新产品，不同客户的第一反应是不一样的。可以简单地分为两类人：革新者和采纳者。意见领袖（包括愿意尝试的非理性消费者）的影响力是扩大初期使用者群体的最核心因素。因此，就需要找到那种在企业之间有互动关系、在消费者之间有互动关系的渠道，以及互动比较频繁有效的渠道。

当前，线上的销售渠道除了以往的电商渠道外，还诞生了一些诸如头条、快手等信息流 APP 新渠道（场景）；甚至出现了比较红火的网红带货现象——相当于商场请名人搞活动带货——这类商业活动的互动性非常高。直播网红并不全是 KOL，也不能等同于 KOL，与明星代言相仿。直播形式带货本身只是一种商业活动，直播网红并不是商品的忠诚客户。但是，网红直播的活动形式，可以把信息传递给更多年轻的受众，让用户有一个真切的感知和互动，是一个有效的信息扩散与放大的过程。

案例：直播背后的“互动力”

为何会存在一个对所有产品近乎无所不通，如“超级推销员”一般的直播电商呢？这说明了两点。

第一，说明了不仅线下市场存在纵深度，线上市场也存在纵深度，无非是表现形式的不同。如果把客户结构视同一种金字塔结构，总会存在一大批易感人群，容易被推销员的话语所感动而下单。

第二，直播模式和买流量促销式的客户群有差异，在购物场景上也有氛围差异。直播模式是在一批（经过筛选了的）观众群里进行“一对多”的促销（如同在线下大礼堂里进行推销模式），有很多积极的参与者会通过刷屏、点赞和下单来活跃气氛。这是一种群体性的活动，有很强的戏剧性和娱乐性，每个参与者都会感知到热烈氛围，进而很容易被群体性的氛围影响。

而买流量促销的模式，是一个个消费者以个体身份，单独接受促销信息（相当于在路边摆摊模式，是“一对一”

却无互动的促销，针对单个消费者），人员来来往往，有意向的购买者会驻留。这是一种个体性的活动，而不是一种群体性的活动，即便采取了图文或视频等方式进行宣介，消费者的决策更多是个性化的，还偏向理性一些。

值得重视的是，原有的单一、单向的广告形式的传播，已逐步演变为以“互动”为主要形式的传播，如直播、评论、推荐等可以与消费者直接对话和交流的传播方式。这些“互动式信息传播”越来越成为主流。

第二节　价格与份额

潮流品牌能否立得住，能否做得大，最终的结果仍然要看其价格定位和市场份额的高低。

1. 产品价格

一般情况下，潮流品牌的价格定位往往处在奢侈品牌和大众品牌之间，而且，价格要向更高层次靠一些。总体来说，潮流品牌要尽可能把价格定位稍高一些，尤其是适当拉开与大众品牌之间的价格差。如果产品价格在平均水位或更高的价位之上，同时，市场占有率在不同档位、不同细分市场都是靠前的位置，这就能证明品牌拥有较高的位势，占据了优势。

在价格上采取不同的定位，在经营上就要有适应该定位的成本与费用结构。有些潮流品牌会选择“低价格＋潮流化设计”的经营思路，形成“供货快速、性价比高、紧随潮流趋势”的风格。对于这类定价略低的潮流品牌，就要想办法提高库存周转速度。当然，采取较低的定价策略，也是一种提高销售速度的办法。但是，一旦“低价格”策略演变为“便宜货”的品牌形象，就会成为致命的危机。

从潮流品牌的定价来看，总体上要把价格撑在相对高的位置上，这种定价有一定的好处。

第一，价格尽可能定高点，潮流不等同于低价，低价也未必是潮流。低价格不会导致潮流的必然出现，还有品质、材料、技术和形象等综合因素，否则很容易被贴上“便宜货”的形象标签。而敢于冲击更高价位的商品，所瞄准的是“消费升级”带来的未来空间，这个部分永远存在“蓝海战略”所描绘的“一片无竞争的新兴市场”“重构买方的价值元素”。

第二，价格定高一点，市场的利润空间就会大一些。企业能获得相对丰厚的利润体量，也有能力进行持续研发创新，为消费者创造出更多的潮流商品。如果潮流品牌把价格定在较低的价位上，再降价则无利可图，企业也就没有发展前途。另外，把价格撑在相对高的位置上，不仅可以给渠道留下更多的利润空间，也便于对更多更广的渠道进行渗透。

第三，价格档次往往决定了位势的高低，高价格天然带有高位势。从产品的整体形象来看，来自价格的这种位势是不可或缺的。

价格是产品整体形象里重要的一个组成部分，也是其他非价格因素所不能弥补的。价格本身就蕴含了品牌的定位，也蕴含了稀缺性。如茅台作为上市公司，十余年来一直采取多分红、少送股或不送股的方式，控制总股本的数量，维系A股第一高价股的身份和形象。其排位第一的超高股价，既为财经等相关媒体报道提供了话题性，也增加了公司在投资者心目中的影响力，还对商品形象与价格档次产生了或多或少的正面影响。

价格定位较高的潮流品牌，在应对一些优势品牌价格下探的冲击时，如果仍然能够守牢自身的价格定位，其品牌形象则是稳固的。一些奢侈品的品牌，仍然会想着中档价位的市场，会引入稍低价格档位的副牌，或通过对部分高端品牌的价位下探，来实现对稍低市场的覆盖。

当然，如果考虑年轻消费者的购买力因素，考虑他们所面临的一个窘境——愿意尝试高质量的商品而购买力不足，出现了购买力与潜在需求之间的不匹配现象，企业需在商品的总价与单价上进行平衡，可采取小份量的款式和包装，如试用装、品鉴装等。虽然单位价格维持在较高位置，但总价控制在百元或数百元级别。

另外，从“昵称”上可以发现，很多昵称都是以“小”字打头，如“小棕瓶”“小蓝瓶”“小红瓶”“小白瓶”“小绿瓶”等，让人顿生颜色种类不够用之感，而“小灯泡”等以外形为形象的昵称也开始多起来了。总体来说，商品的小瓶装成为与消费者建立新连接关系的突破口。

2. 市场份额

主力产品的价格，或销量最大的产品所占的市场份额，是一个很好观察品牌力的指标。

从不同档次品牌的利润分布来看，不同的消费品行业可以分成三类形状，“正金字塔形”“倒金字塔形”和“橄榄形”。

“正金字塔形”的利润格局，是越高端的市场所获利润的空间越小，中低端市场的获利空间反而大。这种情况下，消费者并不认可行业潮流品牌或高端品牌的附加值。如果不能改变消费者的“刻板印象”，这类行业就不是一个好的创业行业。如果能够通过创造出一个全新品类，改变消费者的这种认知，则是一个广阔的蓝海市场。这种利润分布结构，往往也会出现在市场“供不应求”阶段，各类产品质量泥沙俱下，只要有产品就能卖出去。消费者对质量的重视还不够高，而中高档品牌因为受制于产能也无法获得更多利润。

“倒金字塔形”的利润格局，是高端市场利润空间大，中低端市场利润空间越小。消费者非常认可行业潮流品牌或高端品牌的附加值，典型的如国内的白酒、手机、运动鞋、化妆品等行业。这种利润结构非常有利于潮流品牌的创立和创新，只要能够塑造出较高端的品牌形象，就能够有持续发展的潜力。如云南白药推出高价位牙膏产品，其定价是普通牙膏的 5 ～ 10 倍，获得了巨大成功，并引发了国内牙膏市场的高档化潮流。

而“橄榄形”的利润格局，是越高端市场和越低端市场的获利空间越小，而中端市场的获利空间最大。典型的如中国家电领域，中间层市场的利润空间远远大于一头一尾的市场。这种利润结构，也有利于潮流品牌的创立与创新，不仅可以在中间层进行创新，高端层的创新也有空间。如 2020 年疫情肆虐期间，国内不少小家电企业推出了定价适中、功能宜居化的爆款产品，获得了巨大的市场成功。

考虑不同的行业、细分领域和利润空间分布，所存在的各种各样的差异性，潮流品牌应该瞄准最大的利润空间。这样的市场机会，源源不断地鼓励新来者尝试，会形成更多潮流品牌共同塑造潮流市场的形象，也会更容易获得更多消费者的注意。

总体来看，“橄榄形”的利润空间最适合潮流品牌的创业，奢侈品牌及大众品牌的总利润规模都处在了橄榄型的两端；而潮流品牌的市场总规模，处在了“橄榄形”的中间，占据利润（甚至是营业收入）规模最大的份额，源源不断地为潮流品牌创造和输送利润。

第三节　高端品牌难创

1. 高端潮流品牌难创

在消费品行业里，品牌是第一位的，企业要努力把品牌塑造成第一梯队（或第一位），也只有第一梯队的品牌才能有稳定持续的获利。这也符合定位理论的“第一法则”，必须在顾客心智中区隔于竞争对手，成为某领域的第一或唯一。虽然每个低端品牌都有迈向高端的愿望，然而，市场记忆或消费者记忆总是在阻碍这个心愿的实现。

任何新高端品牌的塑造，首先面对的是品牌破壁，需要打破消费者认知上的天花板，新建品牌与中高端位势之间的强关联。如何将两者进行相关联，是企业市场部门和销售工作的重中之重。

高端品牌的塑造难度要远高于中低端品牌，高端品牌往往需要一个聚势的过程。要通过潮流化、科技感、稀缺性和高价位等综合举措，先把品牌的位势塑造起来。

强势品牌往往是一种结果，并不是一种期望；很多线下卖得比较贵的商品，如大师制作的茶叶、面向超高端人士的手机等，都是线下市场的分散性所导致的。虽然在线下分散的渠道里，更有可能接受那些价格较低的商品，然而，低价格并不是潮流品牌树立的初衷。

高端品牌的行业地位也不是一成不变的，即便如茅台酒在当前白酒行业里的超然地位，既不是天生的，也不是偶然的。白酒行业历经过汾酒、五粮液等品牌为王的时代，也出现过秦池、水井坊等品牌的传奇。

对每个潮流品牌来说，都要力争从品种优势走向品类优势，能够成为大品类里的龙头或领导企业。这就包括了从区域走向全国，甚至全球；从相对低的价格，走向更高的价格；从某个细分市场，走向主流市场。要么是通过品种销量的增长，实现在品类中占据较大的比例；要么就是在品类的增长中，获得更快的品种增速。

2. 单一线上渠道更难

新兴的潮流品牌，如果只用第三方的网络渠道，是很难通过线上的连接来建立强势的品牌地位。如果以线上渠道作为首选策略，以线上为主渠道开拓市场，则其品牌塑造过程中必将面临重重困境。

（1）新品牌无博弈实力

纵观线上渠道的发展过程，在发展初期、平稳期和成熟期，都非常不利于塑造定位于中高端的潮流新品牌。凭借一个初创企业的综合实力，是很难与拥有行业力量的互联网平台公司进行博弈的。

在线上渠道的发展初期，为了加快聚集渠道人气往往选择以“性价比”“价格战”“超低价”等促销手段来引爆话题，吸引流量（这样的成本最低）积聚。线上渠道会影响、鼓励甚至要求新品牌的定位在“价格便宜”“实惠”“超值”等卖点上，用新品牌的优惠价格去激活人气，去打出“爆款”和拉来“销量”。而“价格便宜”“实惠”“超低价”等价格战的做法，显然是不符合潮流品牌的形象定位，也不利于树立“品质”“潮流”“时尚”的品牌形象。

当线上渠道进入相对平稳阶段，有了一定数量的各类新品牌入驻后，也就有了流量资本去吸引更知名品牌或业内优势品牌入驻，平台流量开始变得昂贵起来（线上渠道开始考虑盈利）。这些优势品牌群体一旦介入线上渠道，就会采取诸如：利用自身优势逼迫新品牌加大资源投入的强度（消耗新品牌实力）、对供应链施加影响进行“二选一”或“选边站队”或“垄断时段性产能”、推出几款高性价比的“定制款”或“电商专供”（分流新品牌的客户）等举措，会从资源、供应链和产品线等方面对新品牌进行合围剿灭。

当线上渠道进入相对成熟阶段，在面临流量的日益稀缺和愈加昂贵的趋势下，线上渠道公司内部的“科学逻辑”和“理性决策”，对新兴中高端品牌塑造往往不够“友好”，甚至会存在一种短视现象。往往是凭借自身的高集中度、高话语权的谈判优势，要求潮流品牌采取降价的方式，去和一些同等质量商品或品牌博弈“性价比”，冲击消费者的“引爆点”，替渠道公司吸引人气和流量。或许，这就是另外一种“创新者的窘境”。

（2）价格战是线上常态

线上渠道持续面临流量饥渴，往往把竞争的焦点聚焦在价格上，美其名曰“替消费者省钱”。而且，消费者依托电商平台进行横向比价也更加方便，通过产品搜索就能发现同平台的最低价产品，通过比价还能寻找到跨平台的“全网最低价”。

不同线上渠道之间的价格体系变得愈加透明化，进而形成了“电影院效应”，其他卖家也不得不跟进降价，形成了以“最低价格”为焦点的竞争态势。同款产品的价格最终成为“大杀器”，而那些新品牌借助于网络实现崛起的套路往往离不开“性价比”。

在商业利益面前，线上渠道对新兴品牌（包括潮流品牌）“战略放弃”的时间点，主要取决于优势品牌在线上渠道的投入力度。传统优势品牌，一旦携其资金、品牌和资源等多方优势，投入重兵参与线上渠道争夺战，优势品牌就会获得更多线上资源的倾斜，那些弱势和新兴品牌将面临线上和线下的双重“绞杀”。

从近 5 年天猫双 11 美妆品牌 TOP10 来看，2016 年有 5 家国产品牌进入榜单，而 2020 年只剩下 1 家（薇诺娜）；国产品牌的排名也在逐年下移，下图左上角几乎都是国际大牌或著名品牌。传统优势品牌在线下渠道实施封锁和拦截，在线上渠道实施集中火力的打击，也是新兴高端潮流品牌难以树立的另外一个原因。

近 5 年天猫双 11 美妆品牌 TOP10

排名	2020年	2019年	2018年	2017年	2016年
1	雅诗兰黛	巴黎欧莱雅	兰蔻	百雀羚	百雀羚
2	巴黎欧莱雅	兰蔻	OLAY	自然堂	巴黎欧莱雅
3	兰蔻	雅诗兰黛	巴黎欧莱雅	兰蔻	SK-II
4	WHOO后	OLAY	雅诗兰黛	雅诗兰黛	一叶子
5	OLAY	SK-II	SK-II	SK-II	自然堂
6	SK-II	自然堂	百雀羚	OLAY	雅诗兰黛
7	雪花秀	百雀羚	自然堂	巴黎欧莱雅	韩束
8	资生堂	WHOO后	HomeFacialPro	一叶子	佰草集
9	薇诺娜	完美日记	薇诺娜	悦诗风吟	OLAY
10	海蓝之谜	薇诺娜	悦诗风吟	资生堂	兰蔻
以上内容根据公开信息整理（注：2020年统计时间为11月1日—11日）					

数据来源：化妆品观察（2020年11月12日）。

（3）渠道公司流量自用

那些携渠道优势的平台公司，还会通过创立自有品牌（private-label Brands）的方式，去更加高效地使用自身的渠道资源。同样，这些平台的自有品牌往往也会采取主打“性价比”的方式，而不会轻易去树立更高端的自有品牌。如盒马提出“同等级的商品，我们一定要比市场品牌便宜；同价格的商品，我们一定要比别人量更大或者质更优”。当然，如果渠道优势能够叠加“性价比”，足以让这些渠道平台公司赚得盆满钵满。如 Costco 自 1996 年推出科克兰（Kirkland Signature）等自有品牌，其在 2019 财年的销售额占比达到了 28%。虽然科克兰等品牌的定价比同类同质其他品牌便宜了近 30%，但仍然拥有较高的毛利率。又如亚马逊于 2009 年推出自有品牌 Amazon Basics 等，数量达上千种。

品牌力的塑造耗时更长，难度更大，即便拥有渠道优势的平台公司，也不会轻易去做塑造高端品牌的尝试，只会去寻求更快的周转速度。

（4）先线下后线上或同步

单独依赖线上渠道来塑造高端品牌的难度越来越大。只有通过线下积攒一定位势的品牌和口碑，才能有与线上渠道博弈的力量，才能获得构建“中高端”潮流品牌的机会。如国内某互联网品牌手机，品牌形象是通过互联网树立的，其定位一直被认为“低价”“技术含量不高”“高性价比”，即便部分款式产品价格提升了很多，但品牌形象仍然难以提升到“中高端”层次。

而当品牌位势已经成功树立之后，也就是品牌度过了塑造期，则地面推销这种模式的“沉重性”就不如线上渠道的“轻便性”了。线上渠道更适合那些优势品牌或定位已经树立的品牌。即便如此，仍然不能忽视线下渠道对品牌形象持续维持的作用。如特斯拉，作为新兴的豪华汽车品牌，通过网络直销的方式建立了统一的销售体系，还开设了大量的线下城市展厅，给消费者提供线下体验的场合，从而实现了线下渠道支撑品牌、线上渠道支撑销售的线上线下联动的格局。

第五章
强终端与供应链

信息可以降低我们对客观认知的随机和不确定性。

——克劳德·香农

在数字化时代，直连模式（DTC）凸显了特殊的战略意义，企业不仅可以实现与消费者的随时联系、与消费者的高效互动，塑造与众不同的形象；还可以掌控更多的运营数据，提升产业链运营及内部运营的效率。

潮流易变，潮流品牌必须建立敏捷化的供应链，提高全产业链的效率，以提升对市场的反应能力。

第一节　与消费者连接

任何商品都要提升获得方式的便利性，尽可能缩短消费者触达商品的物理距离；而潮流商品是一种让消费者体验潮流文化的载体，要在获得方式上也体现出潮流性。

1. 渠道功能与目标

商品被消费（购买、使用）的过程，就是商品与消费者建立连接关系的过程。

渠道的核心价值在于可以连接商品与消费者，在一个物理的或非物理的空间或场景内，为商品与消费者之间的交易（体验、买卖）提供撮合服务。这个场景既可以仅是交易场所，也可以是消费场所，或是其他场所。对于那些既是购物场景，又是消费场景的渠道，则是一类充满变化的特殊渠道。

俗话说，“酒香也怕巷子深”，指的是物理距离太远，导致消费者难以触达。为此，要让消费者较为容易找到与商品进行连接的入口，这个入口是建立连接的首要条件，渠道的实质就是提供了这种“入口”。

对企业而言，渠道的核心功能在于以尽可能低的成本，更高效触达所有潜在的消费者。“尽可能低的成本”“高效触达”和“所有潜在消费者”三个要素之间如同“不可能三角”，企业只能在其中做出有限选择。

（1）尽可能低的成本

渠道属于大家认知中的“中间商”。只要存在中间商，“中间商就要赚差价”，触达成本就不会接近于零，更不会是零。

所有渠道成本都是由企业承担，最终都必须摊在产品的价格里，由消费者来买单。渠道成本的节约，可以用来适当降低零售端的价格，以覆盖更多的潜在消费者，也可以用来增加企业的利润空间。由于竞争对手的存在，企业在渠道上的花费必须考虑获得渠道使用权、提升渠道效能等多重因素，成本因素也只是其中之一。

渠道架起了商品和消费者之间有效的“连接”，如果渠道之间的竞争格局趋于集中，则渠道将获得产业链的“强势”地位。

（2）高效触达

通过渠道来高效地接触消费者，就是从商品信息开始，到商品物流交付，让消费者能够便捷地接触。虽然线上渠道与线下渠道相比，在即时性和覆盖面上都有了大幅度的提升；然而，任何一家线上渠道都无法实现垄断，更无法垄断所有渠道。而且，每个线上渠道都有各自的核心客户群和非核心客户群，且核心客户群并不是重叠的，而是分层和分类的。

对企业而言，有为数众多和类型各异的线下渠道，也有不同特色的线上渠道，必须在所有渠道中进行选择，是选择广覆盖，还是选择精准投放？如便利店这一渠道，客户群主要是由 20 ～ 39 岁的年轻人，这也是潮流化食品、饮料等商家优先选择的渠道。

在不同的触达渠道或场景中，对于不同品牌位势的商品来说，有与其品牌位势相适应的购物场景。当某商品出现在与其位势不匹配的购物（或消费）场景时，给消费者所带来的只是“惊讶”而非“惊喜”。如果高端品牌的白酒出现在街边普通餐馆，了解该商品的消费者并不会认为“物超所值”，反而觉得“有些古怪”，或觉得有点“假”。目前，越来越多的咖啡店搬到了写字楼的大厅里，就是为了缩短消费者触达的物理距离，实现对目标客户群体的高效触达。

（3）所有潜在消费者

渠道是商品与消费者建立连接的入口，也是货币化的入口。渠道所提供的潜在消费者的数量规模，也就是潜在的连接关系总规模。为此，渠道的核心在于“人气（人流量）”，在于如何招揽、激活和留存人气。有了人气，才有顾客转化率，才有销售额的转化，人气是商业形态得以成立的基石。“人气”也是连接关系得以建立的前提，有了人流量，辅助适当的方法，就可以建立连接关系。从这个层面来看，人气是渠道“入口”功能的具体化。

潜在消费者的地域分布往往是分散而非集中的，要想触达这些消费者必须考虑其地域分布的特性。潜在消费者可以是在城市，也可以是在乡镇；可以是在东部城市，也可以是在北部乡镇。潜在消费者的这种地理分布特点，极大影响了渠道的触达能力，让所有潜在消费者都能够被触达几乎成了“不可能完成的任务”。

要想同时实现低成本和高效促达消费者，就要选择那些覆盖面非常宽广的渠道。而这类渠道本身需要类别众多的商品来支撑，渠道里也是非常拥挤的。任何一款商品，在这个广覆盖的渠道里，要么投入足够多的资源才能被选中或集中曝光，这就与低成本相违背；要么只能在茫茫商品大海中等待被选择，其触达效率反而大幅度下降，这又与初衷相违背。

数字化技术引发的商业系统变革，既消解了原有的线下连接模式的活力，也催生了线上新连接模式的崛起和不断壮大，并给渠道增添了新的含义，带来了新的变革。在数字化时代，数字化客户（范围扩大了一个量级）、数字化渠道（触达效率）、数字化成本（连接后的成本较低）等渠道要素都发生了巨大的变化。因此，企业的运营方法也要发生变化，必须统筹考虑线上线下渠道。

企业搭建渠道的目标有如下几点要考虑。

第一，要接触更多的潜在目标群体。对渠道本身而言，人流量很关键，如何低成本地汇聚人流量更是核心要素。对线下渠道而言，是人流量饥渴；对线上渠道而言，则是数字流量饥渴。

第二，要控制价格，维护好销售体系和品牌形象。往往可以通过专有渠道（代理商、经销商体系）或线上渠道的直供（专供）等方式，控制价格体系的稳定。

第三，要控制货流走向，能够实现可控可预期的商品流动。通过把不同地域的细分市场进行区隔，确保不同经销商体系层级的价格差和利润空间。随着电商模式的普及，跨区销售成为普遍现象，线上串货的管控也更加难。即便采取了线上线下产品差异化策略，线上产品的串货和跨区仍然是管控的重点。

企业在创建品牌过程中，往往是同步建设专有渠道。渠道建设的速度和进度，就成为企业扩张的制约因素。渠道建设也需要充分发挥产品或品牌的影响力，有的产品会主打“性价比”，有的产品会主打“高科技”，不同的选择决定了不同的品牌位势，也决定了不同的渠道建设目标。

2. 构建直连通道

消费品企业（或品牌使用者）可以委托代理、委托经销，通过第三方渠道实现零售；也可以建立专用（自建、专有或加盟）

的网络零售。专用渠道可以是企业自有，也可以是加盟，还可以是经销商开设的专营店等多种形式。采取专用渠道的方式，企业对渠道管控力比较强，能够对每个销售终端的产品促销、定价、客户服务等方面进行直接掌控，实现渠道的专一性，让消费者形成一个更清晰的形象认知。

（1）从与客户互动及信息反馈的角度来看

采取直连模式（DTC，direct to consumer，客户直连或直面消费者），可以缩短与消费者之间的物理距离，尤其是可以通过互联网随时与消费者保持联系，掌握消费的实时数据；可以自主可控地激发和鼓励消费者的评价和互动行为，收集用户反馈；可以测试创新想法或产品概念，获得改进意见与方向；还可以增加与其他第三方渠道博弈的力量，并通过提升供应链敏捷性，塑造与众不同的形象与口碑等。DTC 的渠道模式，在数字化时代拥有极强的战略价值。

如果通过第三方渠道，企业就很难掌握对消费者进行促销的主动权和便捷性。在这些共用（公用）的零售网络里，如果顾客对某件商品表现出轻微的负面观感，第三方渠道就可能会推荐其他品牌作为替代品，诱使顾客兑现购买力，而不会去主动帮助该商品进行推销。这也是有些品牌企业会在线下终端派驻专职促销员的原因，希望通过主动的人员促销和搭讪，强化线下的“终端拦截”，增加自有商品与顾客交流互动的机会。

如果采取入驻传统线下终端，或入驻第三方互联网销售平台的方式，企业对消费者数据的搜集和沉淀工作都比较难，需要综合不同平台上的运营情况，对不同来源、时段、行为的数据进行清洗、整理和汇总。如农夫山泉，不仅在渠道里派驻促销员，促销员还负责统计商品销售进展的信息，对渠道管理或销售管理进行更加精细化的运作。但是，这种线下的精细化管理，也很难为企业提供动态、多维的市场信息，实质上并没有做到“客户直连”。

而拥有自建零售网络的企业，就拥有了得天独厚的优势或潜力，缩短了与消费者之间信息沟通的物理距离，可以用一个 ID 对所有特征、行为等方面的数据进行绑定。只有做到客户直连的商业模式，才具备实现与每个客户形成无缝连接的可能性。每个潮流品牌都应当存在这样的诉求，如 ZARA 的售货员和店长，可以把观察到的有用信息，随时随地地通过特制的电脑发送给总部。

（2）从仓储物流管控及运营效率的角度来看

企业采取 DTC 模式可以实现从成品到终端的直供链条，还能掌握流通渠道的所有存货数据，对库存进行及时的优化和处置，大幅度缩短库存资金占用和货品贬值的风险。通过消除中间环节，降低利润和时间的损耗，提高了成品到销售这个链条 / 环节的运营效率，还消除了区域串货、价格失控等现象，也消除了潮流品牌企业与经销商之间的博弈环节，形成了一体化的利益格局。

数字化技术革新与进化的结果，强化了企业与消费者之间信息连接通道的便捷性。企业的经营策略、产品形态、与消费者的连接方式、消费者的消费偏好等都已经发生了改变，以“连接为核心”的战略也需要持续进化，其核心仍然是掌握连接的主导权，选择当前或未来最有价值的客户群。

在互联网商业模式里，APP 的普及和小程序的便捷，让直连客户的模式越来越常态，越来越多的企业可以通过 APP、小程序等方式与客户建立直接的联系。如迪士尼推出了 Disney ＋的专用连接（DTC 模式），面向直接客户提供自有版权影视商品；同样，迪士尼仍还在 YouTube 等竞争对手的平台上播放自有版权的部分内容，补充自身客户群的规模和优化客户群的结构。

未来，预计会有越来越多的潮流品牌企业选择采取 DTC 的经营模式，接受来自客户最直接的反馈，并与客户形成最直接的互动关系，进而用更强的渠道力来弥补品牌力的不足。国产新能源汽车的蔚来、小鹏、北汽都在追随特斯拉的步伐，采取互联网直销的模式销售汽车，用 APP 或小程序等，与（准）客户建立直连关系。在商业历史上，从来没有如今天这般，有如此多的企业具备了能够直接连接规模如此庞大客户的能力，并与这些客户建立直接的紧密连接。当企业具备了连接每一个客户的能力或条件时，采取 DTC 模式将不再是一种设想，而成为必需了。

案例：直接连接的价值

比较连接的价值，可通过比较上市公司市值来间接比较。以苹果和谷歌公司为例，android 和 iOS 在全球手机操作系统市场占有率，一个约 90%，一个约 10%。

而截至 2020 年底，苹果公司市值约 2.2 万亿美元，而谷歌为 1.2 万亿美元左右。苹果所连接的用户数虽然少，但通过其智能化硬件系列商品虏获一批高消费习惯人群，并通过连接货币化获得了极大的价值。显然，在连接的货币化上，苹果公司走在了谷歌公司的前列。

苹果公司提供了三层不同形态的连接：（1）品牌连接，强品牌力获得高消费力人群；（2）专有连接，消费者可以直接获得基于 iOS 系统的，由苹果公司提供的数字化产品或服务；（3）共用连接，如 iTunes 等分发平台，为其他公司的产品和服务提供连接。

那么，是追求更高的客户数，还是追求货币化价值最大的客户群？从这两个公司的市值来看，连接的货币化潜力和程度，决定了连接关系的最终价值。对互联网企业而言，要挖掘连接价值，就必须不断丰富连接的货币化方式和种类。

同为互联网平台公司，谷歌和苹果以两种不同的策略，积聚行业资源，为第三方提供连接服务。苹果受益于iOS的封闭性，对行业稀缺资源的控制力更强，高达30%的“苹果税”收取毫不费力。而受Android的开放性及硬件竞争格局不断变化的影响，谷歌对连接功能的控制力则略弱。

对于连锁模式中的直营制、加盟制或联营制，是否是DTC模式的核心在于：是否掌握了终端运营的实际管控权，是否为运营库存风险的实际承担者。当然，如果品牌企业拥有极强的位势，即便不采取直营制、加盟制或联营制，仍然能对终端渠道有较强的处罚和处置能力，这也是一种类DTC模式。

3. 门店也是入口

线下的门店同样也是一种“入口”，路过门店的人流量都有进入这个“入口”的可能。没有入口就不可能建立连接，而渠道就是因为掌控了连接的入口，使得提供商品的企业在博弈过程中往往处于下风。

从产业位势角度来看，那些能够掌握入口（自带流量）的企业（或场景），就具备了巨大的商业化价值。如百度2004年花费巨资并购了www.hao123.com导航网站；如谷歌每年支付数十亿美元，成为苹果手机Safari浏览器的默认搜索引擎；等等。这些互联网巨头都是在为“入口”付费。

互联网渠道公司所提供的入口，也就是搜索框——通过搜索被寻找，让顾客自己凭记忆去主动搜索，提供备选标的供顾客选择。互联网企业也通过搜索排名模式（相当于提供入口服务），赚得盆满钵满。也只有知名品牌，才能被便捷地从入口处找到，能够在入口环节获得一定的优势。亚马逊对客户的搜索行为做了一个统计，客户通过搜索框寻找商品时，其关键词的搜索频次中，约有 70% 是按商品属性（相当于按功能）搜索，只有不到 30% 是按品牌搜索。这个结论相当于一个大样本的抽样调查——大约 30% 的消费者存在品牌忠诚度。当然，其中有些品牌可能超过 30%，而有些可能是远远不到 30%。

还有另外一种模式——采取推荐算法，以顾客行为识别为基础，提供诸多备选项供选择，并动态优化备选项。这一种模式，在数字化内容行业里更为普及和典型。

4. 增设其他入口

当然，入口也会发生更迭，这既是科技进步的结果，如手机等硬件创新；也是消费偏好转变的结果，如线下门店提供的宣传招贴、订餐招贴或广告提供的“扫一扫”功能等，让广告内容或商品本身成为连接的入口，相当于绕开了搜索环节，直接启动了连接功能。以“小程序”为例，消费者要首先能够找到入口，才能调用小程序，进入连接、交易与支付环节。为此，必须对商品熟知，或对企业熟知，或线下扫码，否则无从寻找。从这个角度来看，小程序的加载或搜索框也是一种入口。

通过包装的数码化，可以把商品包装做成一个“连接的入口”，把每件商品（包括包装）都建成或维系连接的起点（入口）。消费者只需要对所购买的商品进行“扫一扫”，就能通过企业提供的 APP 或各类小程序（轻应用），搭建起与企业直接连接的关系。

对于那些快消品，如食品、饮料、烟酒等消费品，在包装上增设“二维码”，通过“扫一扫”就能进入购物轻应用或相关APP；或在广告上刊登“二维码”，让客户有了解产品或购买产品的通道；或在餐桌上粘贴点餐“二维码”，可以定位和点餐；或在一些赠品上增设“二维码”，加强与消费者的互动和连接。

2018 年世界杯期间，蒙牛通过“一瓶一码”以瓶体作为连接的触点，积累了超过 7000 万的用户，这也显示出增设“入口”的巨大价值。

第二节　线上直营模式

在新渠道变迁或裂变的过程中，一定会有新品牌或新商品冒出来，这是商业发展历史的经验总结。新渠道的价值在于背后新兴（新集中或聚类）的消费群体。新渠道在裂变初期，往往会吸引一大批年轻人聚集和扎堆，这些年轻人的价值观和认知还处在可塑造阶段，恰恰是一些新品牌可以建功立业之地。

在电商初兴期，不管是线上直销模式，还是自营模式或垂直电商模式，确实存在一个机会窗口，也就是线上新渠道面市及某品类线上化两个时间窗口重叠期，这是有利于新品牌塑造与发展的“蜜月期”。但该窗口期非常短暂，不仅需要线上渠道迅速做起规模，还需要线下渠道撑起位势。

1. 机会窗口

当那些优势品牌在传统渠道占有优势时，往往会忽视新渠道或采取不以为意的态度，仍然抱有守旧或传统的观念，继续扎根原有渠道，这就为新品牌的创立提供了一个“时间窗口”。进而，新品牌（或以新渠道为主的品牌）在一段时间能独享新渠道，可以在新用户中建立忠诚度，并获得稳定的基本盘。这个“时间窗口”就是在老渠道向新渠道（新场景）的转化过程中，新品牌容易冒出来的主要原因。例如，小米模式就是通过电商模式崛起的，还有一些“淘品牌”的崛起也是如此。

案例：化妆品零售终端的变化趋势

从化妆品四大类渠道的销售规模和成长速度来看，新渠道的机会窗口大约为 2 ～ 3 年。从下图可以发现，2010 年电商渠道化妆品出货量开始明显提升（300% 的增速），2012 年超过专营店渠道，2015 年超过百货渠道，2018 年成为第一大渠道。很显然，电商渠道的增长，是以商超和百货两类渠道下降为代价，而专营店仅保持微量的增长。

注：

（1）CS 渠道：cosmetic shop，该渠道主要指化妆

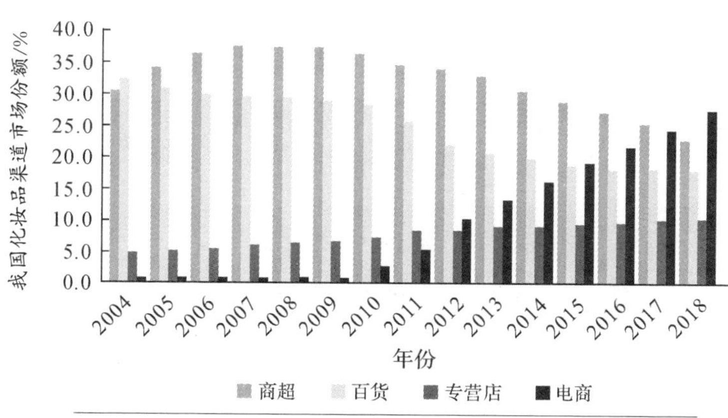

资料来源：Euromonitor、光大证券研究所。

我国化妆品渠道市场份额

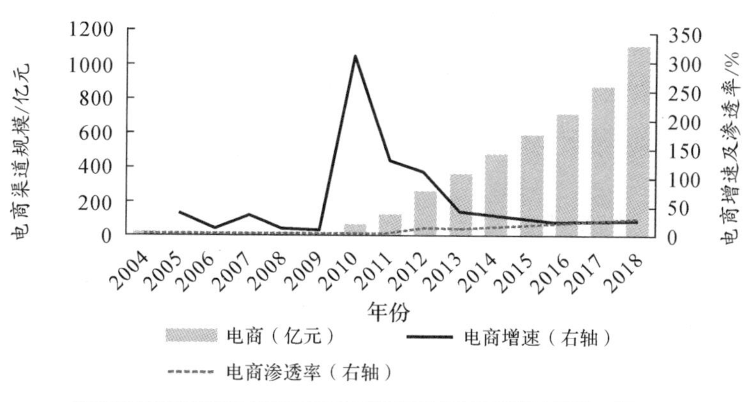

资料来源：Euromonitor、光大证券研究所。

我国化妆品行业电商渠道规模、增速及渗透率

品专营店或连锁门店。

（2）百货渠道：通过大型百货商场（如银泰、百盛等）进行化妆品销售的一种常见渠道。

（3）KA 渠道：key account，是指大型卖场（如沃尔玛、家乐福、华润万家等）销售渠道，又称商超渠道。

（4）直销渠道：生产商不经过经销商，直接在人群中进行一对一或一对多的产品推广和销售。

（5）电商渠道：通过电商平台进行化妆品的线上销售。

从时间窗口周期来看，可以利用的就是 2010—2012 年这段时间。2012 年的数据（电商渠道的市场份额接近 10%）足以让那些在传统渠道有优势的品牌下定决心在电商渠道投入重兵了。

2. 速度为王

新品牌如何抓住这个机会呢？唯有速度。只有尽快达到一定的收入规模，才能够做到有攻有守，才能奠定成功的基础。对新渠道而言，在创立初期，愿意采取“以新拉新”“以新带旧”等方式，通过导入新品牌的方式引入新客流，再用新客流去带动传统的优势品牌；也愿意倾斜足够多的流量资源去扶持新品牌，以加快客流向新渠道转换的速度，进而增大与其他传统渠道抗衡的砝码。

因此，新渠道和新品牌在合作初期都有强烈的“做大共识”，进而为新品牌低成本、高效率地触达部分潜在的消费者提供了机会。

当新渠道经历野蛮生长之后，也就获得了一定体量，在与传统渠道进行抗衡时，必然会加速推进渠道的商业化（货币化）过程；而伴随着品牌优质化，只有优势品牌入驻才能抬升流量的价格，也只有优势品牌才能承受越来越昂贵的流量成本。

一旦传统品牌认识到新渠道的重要性，就可能会采取饱和攻击的方式，打压或抑制新品牌的发展。随着淘宝发展起来的一些“淘品牌”，冒起来的速度很快，倒下去的速度也很快。在传统优势品牌的打压下，“淘品牌”在产品、研发、渠道、销售、供应链等诸多方面都体现出了较为明显的短板。因此，即便新兴品牌抓住了“时间窗口”实现快速发展，也未必保证最后能成功立足。

近几年，化妆品行业有一股“国风潮”或“国货潮”。拼多多就曾联合国产化妆品厂家，依托工厂优势，采取平价策略，突出成分和性价比，推出定位学生和年轻白领的“新国货”。从其合作的举措来看，更像是第一阶段的“以新拉新”和“以新带旧”，最终能否笑到最后，能否在优势品牌入驻后实现持续销售，还是要看消费者对新品牌的认可度能否维系。

3. 线上自营

采取线上渠道模式可以使增长速度很快，通过供给端的高速度，充分匹配需求端的高成长，这是线上渠道建设过程中的最大特点。随着通信基础设施的完善，线上渠道可以通过少量的机房/服务器布点的方式，满足数以亿计的客户信息服务需求。

而线下渠道，需要一个店一个店去开设，每个店增加的客户数是有限的，从选址到开业再到盈亏平衡点，都需要一个较长的周期。而线上渠道的模式主要依靠增设服务器，只要有足够的带宽支撑，服务器从增设到充分发挥效能，大致 10 ～ 15 天即可实现。

当企业可以通过互联网形式与消费者建立直连关系时，越来越多的企业就采取自营的模式，而非采取经销商的模式进行销售。企业不仅能够全面掌握（垄断）渠道内的所有信息，可以迅速调整信息获取的方向和侧重点；还可以把企业意图释放的信息，第一时间传达给所有在线的用户。在特斯拉或小米的成长过程中，都采取了自建线上专有渠道的销售模式。与客户建立直连后，还可以改造企业的商业模式，把用户转换为会员，以增强消费者与企业连接的强度，如 Costco 收取会员费。

主打女性潮流服饰的 SHEIN 品牌，2020 年的营收接近 100 亿美元（约合 653 亿元人民币），连续第 8 年实现超过 100% 的增长。SHEIN 采取了不设线下门店，全靠线上销售的自营模式。SHEIN 抓住了社交网站的第一批流量机会窗口，通过线上的自营平台模式，走出了一条新路。

案例：做垂直电商的SHEIN

主打女性潮流服饰的 SHEIN 品牌，采取了不设线下门店，全靠线上销售的自营模式。SHEIN 就是一个 DTC 品牌。

SHEIN 最早启动了“社交化推广”，先在社交网络中逐步建立认知，当时平台上的网红经济尚未成熟，流量便宜，机会很多。有时 SHEIN 免费提供当季新品，就能让一些 KOL 发布评论和穿搭建议，同时配上产品链接，吸引粉丝购买。与当前小红书的商业模式非常类似。

2014 年，SHEIN 从 Tumblr、Rstyle、Lookbook 等时尚博主聚集平台引流占比高达 30%，而兰亭集势只有 15%。这种投放不仅转化率极高，还能产生巨大的黏性，让消费者记住品牌，最终变成品牌梦寐以求的直接访问量。

根据数字营销平台 OneSight 的统计，2019 年 SHEIN 在 Facebook 的日均发帖量高达 6.7 篇，SHEIN 还给帖子本身投放了大量付费流量，以至于帖文平均互动量超过 7000，转评量长期过百。

如今，依靠“快时尚女装”起家的 SHEIN，产品线已拓展至男装、童装、鞋类、家居、家纺、美妆、配饰等诸多品类。

如果是单纯的线上直营模式，始终面临一个流量来源和流量成本的问题。PC时代电商的流量来源往往来自搜索；而在移动互联网模式下，虽然通过专用APP和会员制锁定了大部分流量来源，仍然还需要为流量付费。根据雨果网2014年的数据，SHEIN早期的模仿对象兰亭集势，当年就有40%的流量来自搜索，并且直到现在付费点击的占比还高达73%。如此高比例的引流成本，极大地制约了企业的盈利能力。

另外，即便CHANEL、GUCCI等奢侈品牌，最终也会选择入驻第三方平台电商，而不是单纯的线上自营店，以弥补自营网站的流量不足。如果不考虑线下模式，采取单纯的互联网模式，也需要考虑入驻大型电商平台，去借用渠道的高位势流量。

第三节　线下直营模式

考虑线上渠道的高集中度、较为单一的竞争手段等特性，新潮流品牌尤其要重视线下渠道的建设，线下渠道仍然是有待开垦的黑土地。从国内社会零售总额来看，2019 年网络零售额 10.6 万亿元，占 25.7%；而线下实体消费占比接近 75%，依然是主要的消费场景。那么，该如何高效地利用这些渠道？在当前线上渠道占比越来越高，连接通路越来越通畅的情况下，如何对线下渠道价值进行再挖掘？

渠道的价值主要在于能否更高效地汇聚需求（人气），并在成本和效率上实现经济可行。线下渠道不仅在过去、当前有价值，在未来仍然会存在巨大的价值；不仅存在着独立形态的价值，还可以与线上渠道形成交互的价值。

线下渠道以其特有的纵深，足够大的差异性，拥有培养中高端品牌的土壤，是定位中高端的新品牌的首选。而且，线下渠道里的一些特殊场景，仍然存有独特价值，包括能够吸引年轻人的消费（娱乐）的场景、能够形成高频消费（服务）的场景、线下有强连接的场景等，都存在可挖掘和可创新的空间。

在数字化时代，仍然要重新审视线下渠道的独特价值。即便在线上渠道获得了一定优势后，也要尽早尽快去补强线下渠道。一方面，当线上流量变贵了，就需要线下流量来补充或转换为线上流量；另一方面，线下渠道的分散性，更有利于新品牌的塑造和维系，可以通过建立区域性“根据地”的方式，稳打稳扎，不断提高品牌的位势。

而且，线上渠道实施 DTC 模式更加方便和容易，反过来对线下渠道的运营模式提出了变革的需求，线下渠道采取 DTC 模式也更加成熟了。

1. 有纵深度

对于那些定位在中高端的潮流新品牌，必须要重视线下渠道，充分利用线下渠道的纵深度。相对于集中度非常高的线上渠道，线下渠道受资本、地域和人口等多维度的限制，以极大的纵深度提供了“可差异化”的市场空间。规模庞大的线下渠道有“蓄水池”功能，不同的地理区隔把区块市场分割得很细，在较长的时间内存在着“信息差”和“价格差”，可以在线下市场塑造中高端的品牌形象。如国内的 OPPO 和 vivo 两个手机品牌，就是线下渠道先行，通过大量的地推人员铺货和促销人员宣传（这种方法成本也较高），将品牌位置推到“中高端”的形象认知上。可以说，OV 是通过培育线下渠道的强势地位，反哺进而支撑线上的价格和品牌形象。2021 年初，小米以每月 1000 家的速度开设“小米之家”门店，加快弥补线下直营网点数量上和品牌形象上的不足。

线下渠道里的促销人员（导购），可以面对面地用“服务、口碑、性能、形象”等综合因素来影响消费者的购买决策。线上店铺往往主要聚焦在价格上，或者在大段的言辞铺设后，落脚点仍然放在“高性价比”“全网最低价”。直播电商的模式亦是如此，会在大段内容铺设之后，以“给粉丝福利”之名，行“全网最低价”之实。

线上渠道的推荐和导流，取决于算法程序，有更加理性化的推荐逻辑；而线下更多是“一对一”“面对面”“有互动”的交流和沟通，有更加人性化的交流界面。即便线上渠道有图文、视频或直播等形式的推荐，但仍然无法做到广泛的、“有深度”的即时交流和沟通。这既是线上渠道的最大成本优势，也是塑造中高端新品牌在沟通效果上的劣势。

五星电器 2006 年花了 300 万元做了一个顾客消费决策调查，公司原本认为“顾客购买五星电器的商品，无非看中价格、质量或者售后服务”。然而，调查的结论是——影响消费者决策的直接因素是消费者对门店导购员的信任。这个结论也指明了导购员素质和能力的提升方向。在后续“孩子王”母婴连锁店创立过程中，这种线下“导购员”模式被发扬光大。而线上的“主播”“导购员”，往往会推荐跨品牌、跨品种和跨品类的各式各样商品，这是否也会透支现存的信任呢?

2. 创新空间

线下渠道仍然存在着潮流品牌的创新空间，尤其是那些年轻人专属的消费场景，或年轻人参与的刚性消费场景。

第一种，年轻人专属的消费场景

新品牌在品牌塑造初期，围绕线下市场仍然大有可为。线下存在集中且可持续的消费场景，尤其那些以年轻人为消费主体的场景，存在着巨大的市场价值。

在这些线下的特殊场景或渠道里，可以塑造出新的模式或新的品牌，进而建立新的连接关系。这种线下渠道的独特性，可能是线上渠道还不具备的。这些线下渠道可以成为“引爆点”，可以成为“线下向线上”转化的试验田。

典型的就是盲盒模式，其所瞄准的就是年轻人，这给了潮玩玩具企业一个巨大的机会。

案例：盲盒模式

盲盒模式，是通过自动售货机出售随机商品的一种模式。在整柜商品中只有少量几个盒子内是远超价格的商品（隐藏款），其他盒子里都是相对便宜的商品（普通款）。

盲盒售货机是娃娃机和自动售货机的集合体，是有着娃娃机灵魂（随机性）的自动售货机。娃娃机是打发无聊时刻，用于逗趣的消遣性娱乐；自动售货机则是为了自动化出售商品。最初盲盒模式里的商品组合是现成的普通商品与某件贵重物品，这种模式迎合了年轻消费者在无聊时“小玩一把”的需求，即便没有买到最值钱的物品，也不至于颗粒无收。

泡泡玛特公司通过开设机器人商店，利用盲盒模式销售 Molly 类玩偶，对销售的商品进行了颠覆和重置，把高频的消费场景和 IP 玩偶进行结合，成为针对年轻人销售玩偶的新场景和主渠道。

盲盒售货机与娃娃机最大的差异在于：毛绒玩具并没有打造出收藏价值，高档化不足；而 Molly 增加商品 / 物品的稀缺性，让消费者显得与众不同。而两者的共同点在于，消费群体都是愿意尝试和冒一定风险的年轻消费群体。

随着盲盒模式在线下渠道的普及，在与年轻消费群建立稳定的连接后，泡泡玛特开始实行网络销售，甚至开发了卖盲盒商品的专用 APP、小程序等。其他 IP 拥有者或授权者也开始追捧，开发使用盲盒模式的各类 IP 玩偶。

盲盒模式主推“年轻人”的线下渠道，通过产品创新，满足了新一代消费群体在自身圈层内的“个性化”和“高档化”两项需求。同时，也没有放弃网络销售模式，实现了线上、线下深度结合。Molly 也成为盲盒经济的代表，获得了高位势的品牌定位。

而元气森林则是从便利店这类线下渠道着手推广的新品牌，便利店的消费场景也是以年轻人为主，且饮料属于高频的食品，是便利店建立连接的战略级商品。

第二种，线下的刚性消费场景

针对新消费群体，用新思维和方法去分析线下渠道的价值，可挖掘出线下（传统）渠道里存在的各式各样的价值点。新国货的崛起不仅要依赖线上渠道，更要用连接思维来考虑线上与线下渠道的价值。创新渠道应用必须符合产品或品牌的定位。

那些在线下（off line）有强大连接能力的渠道或场景，存在通过线下渠道实现品牌塑造的核心任务；进而再向线上推动销量的转化，实现从 B 端向 C 端的转变。尤其是消费类商品，作为一种刚需，线下始终是主战场。

如王老吉就利用了火锅店这个特殊的渠道，在最容易“上火”的消费场景里卖“不上火”的商品。从“王老吉”主打“不上火”

以来，它就成为“不上火”的代名词，成为与“上火”（情感）形成刚性连接关系的商品。海天酱油在城市布局时，将商超、零售、餐饮等渠道区分开来，重点抓了“餐饮”渠道。不仅如此，为了从源头抓住B端渠道，海天采取与烹饪学校合作的方式，从厨师的使用习惯上开始养成“海天”的味道。为数众多的餐饮店的消费客群，从消费场景和频次上来看，也是年轻人占有较高的比例，海伦司小酒馆就实现了“年轻人”与“社交空间”的创新。

当前阶段，线下渠道仍然存在机会，以“强连接”思维，继续做强和丰富连接的强度，不仅可以弥补短板，还可以减少竞争对手立足的空间。有些企业通过对线下终端的数字化改造，提高了在线反馈能力（数据收集）。如某些饮料大厂在人流集中地铺设自动售货机，可以把销售情况实时传送回去；还在各类网点铺设智能冰柜，可实现实时监控各零售终端的产品销售数据，解决了信息“黑箱”现象和信息“即时性”问题。

另外，对于公交、地铁等公共交通系统，把自身的支付需求开放给一些互联网支付工具（APP），从表面上来看是增加了用户乘车的便捷性，但放弃了自身具备的刚性连接的商业化价值。某些大城市有数百万DAU（日活），这等于放弃了形成区域性连接平台和构筑周边商业生态的机会。

3. 专用渠道

线下渠道的建设和运行，有高成本和低速度的特点，这就决定了线下渠道具有“大分散、小集中”“城市集中、乡镇分散”等特点。一是从总体情况来看，是非常分散的，以集中形式形成渠道比例还非常低；二是乡镇的分散度尤为大，各个地方性的连锁或非连锁渠道占比非常大。

这样的渠道特点，就决定了线下渠道的“纵深”空间。在各个狭小的细分市场（或区域市场）里，有些品牌可以把相关的渠道做成几近“专用渠道”，从而获得一种“区域性垄断”的渠道优势。

自建的直营（加盟）渠道不仅是实现营收的最可控终端，也是把产品信息传递给消费者、接受消费者反馈的最直接途径，可确保对消费者服务质量的一致性。门店销售体系的建立，不仅仅是门店的铺设，还需要企业在品牌认知、物流配送、信息系统、人员培训等多方面进行系统化全面建设。

自建渠道体系的速度往往比较慢，既需要较大的资金投入，更需要企业在长期的经营过程中不断完善和积累渠道管理和门店拓展经验。对于新进入者而言，短期内很难实现在商超等传统门店建立稳定、广泛的销售渠道，这是行业新进入者的门槛。

其中，比较典型的就是产品（服务）和渠道合一的模式。在餐饮、食品、零食等行业，主要有三种不同经营模式，包括小规模、分散的“前店后坊＋个体门店”模式，规模化经营的“中央工厂＋批发经销”模式与“连锁门店＋现场制作”模式。

第一类：“前店后坊＋个体门店”模式。以传统工艺、各类风味、流行口味等为特点，如小型的烘焙、炒货、餐饮等，主要服务于所在社区及周边的消费群体。

第二类：“中央工厂＋批发经销”模式。采用中央集约化生产方式，以商超大卖场、城市便利店、小卖部等为终端销售渠道，以较长保质期产品为主。

第三类：“连锁门店＋现场制作”模式（客户直连模式）。通过在城市周边设厂制作成品或半成品，在城市人口密集的商业区和居民区开设品牌连锁门店，进行产品制作与销售。新式茶饮料企业，往往属于这类模式。

在“中央工厂＋批发经销”模式的基础上，又发展出“中央工厂＋连锁门店”零售模式，门店几乎不用制作，仅仅提供微波等加热服务。这种模式也属于客户直连的模式，如一些零食连锁店等。

案例：喜茶的潮流化、直连与互动创新

喜茶等新一代新潮奶茶连锁品牌，是一种以饮料和简餐食品为载体的，以潮流化（快时尚）呼应消费者“新、酷、

潮”需求的商业模式。通过产品的快速迭代，来呼应潮流或影响潮流走向，其模式与 ZARA、H&M 等快时尚服装模式有类似之处。

喜茶拥有强大的“直连客户”连接，其在微博上有阅读量上亿的社区，消费者会把自己拍摄的饮品、店面、个人等照片发到社区内，与官微互动，参与抽奖，形成朋友般的友情和黏性。2020 年底，“喜茶 GO”微信小程序累积用户数超 3500 万，全年新增 1300 万。81% 的客户会选择线上下单，“直连”关系已经达成；另外，近 80% 的客户选择到店自取，激发了线下终端的人气和流量。

喜茶的产品更新周期很快，一个月左右可以推出 4 款新口味，20 多款新产品。2019 年先后发布了 240 多种新产品，还有上市品种的 2 ～ 3 倍的储备量。在新品种开发完成后，公司会第一时间去大众点评、微博等网络社区查看评价，从评价中获得反馈并总结提炼，听取终端的意见和建议，对口味进行不断完善。

在终端形态上，除了单店面积 80 ～ 120 平方米的主力店，还有约 50 平方米的 Go 店，增强有效覆盖；同时，推出“喜小茶门店（饮料厂）”，覆盖较低的价格带并对外开放加盟。

喜茶等新潮奶茶连锁模式，依托了“直连客户”的优势，借助移动互联网获得的反馈，形成了良性的产品迭代互动。用“新”口味淘汰“旧”口味，不断扩大产品品类，既满足了消费者的需求，也实现了自身的不断成长，实现了与消费者的“相互成就”。

虽然 DTC 的经营模式是从直营店（自营店、连锁店）形态升级而来，并通过互联网技术的进步，从 PC 模式跃升为 APP 模式。模式创新的实质仍然是新模式更加了解、呼应客户需求。

DTC 模式的优点如下。

（1）有 2C 的现金流，回款的现金含量高，可以获得预收款；同时，对上游供应商可以挂账，应付款可以做到一定账期的资金占用。

（2）可以与客户之间建立直接联系，通过对顾客的拜访、对 APP 或网站等信息的收集，获得有效的反馈，对产品及服务进行及时的升级。在商品迅速面市后，再进行新一轮建议和意见的征集。

（3）作为自有或可控的网点，任何新产品推向市场的速度都非常快。如果采取了产业链纵向一体化，产业链内部化可以提高运营效率。

（4）有很强的扩展性，可以依托所建成的直连通道，扩大产品线和产品类别，进入周边行业领域。2016 年起，ZARA 推出香水系列，并在 2018 年推出彩妆产品线。更早，ZARA 就形成了女装、男装、童装、家居（home）等诸多品类。而围绕服装这一核心品类，占比仍然超过 80%。

DTC 模式的缺点如下。

（1）线下渠道的分散性和权属割裂，阻碍了连接规模的扩张速度。

（2）需要自建或承包生产产能，产能利用率受制于销售渠道的自建速度，会出现销售不畅而产能极大闲置的情况。产能建设往往要提前于销售渠道建设，且产能要大于预计销量。

（3）重资产的运营模式。如果采取自建终端模式，则零售网点的租金、库存、设备等支出持续较大。零售网点有建设周期，每个网点有盈利爬坡期，这期间的资金压力会较大。

（4）人员培训与网点建设同步或提前。人员的熟练程度需要一个学习曲线，这会影响顾客的体验。

对比直连模式的优劣，从塑造潮流品牌的角度来看，一旦建成直连通道，未来的空间则是巨大的。当企业可以做到直连客户时，在内容（产品）上创新优势就更加明显了，“新鲜”“潮流”“品质”“迅速”等形象容易树立起来，创新出位的成功案例也就越来越多。

对于线下的网点布局，除了一些必备的高位势旗舰店之外，必须考虑新设店铺的盈利性和盈利质量（店效），这是对店铺开设与否的首要标准。

4. 终端数字化

到人流量集中的地方开设门店，能缩短与消费者的物理距离。而基于移动互联网的（类）电商模式，消费者可以随时随地下单，也极大地缩短了物理距离。当前仍然存在大量数字化水平较低、数量众多的终端门店，在这些终端门店数字化改造进程中，需要通过商品和场景的“数码化”创新，解决线下流通渠道的数据真实性和即时性问题。

终端数字化的目标，是要从终端运营中提取更多的经营信息，进而对这些信息数据进行各类模型测试，实现从直觉驱动经营转变为数据驱动经营的模式。终端数字化的应用，不仅是点单（购物）数字化、库存管理和企业运营数字化，还要考虑消费者行为的数字化（用户数字化）。如，线下商铺也要对进店流量、选品路线、选品过程、消费情况等进行数字化分析，形成“店铺热力图”和“购物动线图”，进而对货品选择、成列、摆放、促销活动进行优化。能够实现把所有的零售终端（即线上的店铺和线下的终端），把店铺的库存、运营、消费者的行为等数据全部打通，实现一体化的数字运营体系。

相应地，也要根据数据情况，针对性地改变经营举措。以餐饮行业为例，互联网对餐饮连锁行业的冲击最为典型。一是来自互联网导流的订单比例越来越高，20% 左右的抽成及 5% 左右的派送费，让企业的获利空间大幅度缩窄；二是线下网点的到店消费占比下降，门店的部分运营资产使用率下降，资产出现贬值风险；三是当消费者越来越依靠互联网比价来进行决策时，餐饮连锁店的品牌溢价就越发不明显了，反而会诱发持续不断的“价格战”“促销战”，进一步侵蚀企业利润。

对餐饮连锁企业而言，必须重塑连接，围绕“直连客户”战略做文章；必须在品牌年轻化（客户群锁定）和网络平台化（消费行为锁定）上实现创新及迭代。在客户群上，可以考虑瞄准两类核心客户群体。第一类，更低龄的幼儿及儿童，以有趣、益智等健康形象带动家庭类群体消费；第二类，那些喜欢网络社交、消费易受身边人和媒体影响的年轻女性。

另外，即便拥有 DTC 的消费连锁类企业，也要考虑把线下业务搬到线上，在线上建立新的 DTC 通道，以满足当前消费者消费习惯的转换。目前，进展最快和做得最好的，还是预订及点餐环节的信息化。对连锁类餐饮企业而言，最终目标是要增加会员注册规模，与会员建立更加直接和刚性的连接。除了独立的 APP 外，各类互联网平台公司推出的小程序，也大幅度降低了餐饮连锁企业与终端消费者建立“直连”的投入与成本。

一些连锁类消费场景，诸如商场、便利店等商业形态，都在积极推广自身 APP 平台，力争能够实现直营线上化和渠道线上化。如，优衣库 2009 年在淘宝开设旗舰店，开业 10 天就稳居淘宝商城男装、女装销量第一位。ZARA 中国业务于 2012 年启动电商之路，把原有的全部线下经营的发展模式，调整为“线下门店与线上业务的融合”。2014 年选择与天猫合作，以触达实体门店覆盖不到的低线市场。一方面，对线下实体店重新梳理和规划，加大对小型门店及旗舰店周边不能盈利店铺的调整优化力度；另一方面，增加对自营电商的覆盖力度，开设直营网站（包括小程序），并在各大网销渠道开设直营店。

航空公司、连锁酒店集团等服务机构曾经推出忠诚客户计划，这种 CRM 的方式，在当前时代显得过于传统。但是，这些连锁性集团，可以依托自身服务能力的垄断性优势，以自身 APP 为切入点，打造一个新渠道式平台。当然，最终的格局仍然是在某一产品线上获得垄断性优势或者在产品的丰富度上获得优势。

每个消费品企业必须适应在线化渠道（电商）占据主流的格局，积极改变企业运营和管理方式。既要积极获取消费者的反馈信息（包括消费者体验的信息），还要进行积极应对和改良，促进企业所释放的信息与消费者的购买决策之间的正相关性，适应“强互动思维”。这就是口碑数字化带来的变化，要激发消费者用手机来拍照、评价、转发等，增加一些更深层次的互动。

第四节 跨界扩张潜力

那些拥有 DTC 连接的公司，都拥有极强的跨界扩张潜力，也就是具备了实施“扩展性”的能力。

这些公司充分利用了拥有直接面向客户的独特优势。如消费类连锁企业星巴克，推出了无脂牛奶调配的咖啡、乳品饮料“星冰乐”、果肉类咖啡、啤酒加冰及果汁类等各式各样的饮品；还推出瓶装、罐装咖啡等 RTD（ready to drink，即饮）饮料，拓展了商超、航空公司、其他食品连锁店等渠道。而盒马鲜生推出了“盒马 MAX”品牌，占盒马 X 会员店的商品数量为 20%。Costco 则推出“科克兰”（Kirkland Signature）等自有品牌，在 2019 财年的销售额占比达到了 28%。

这些公司的扩展潜力，更多来源于对消费者需求升级的挖掘，以创新的商品或商品形态满足消费者的需求。DTC 公司借助与消费者直接连接的关系，充分货币化这个连接关系，在消费者停留的时间段内，提供各类有竞争力的商品供消费者挑选。

案例：新式茶饮品牌的扩展性

以喜茶为代表的高端新式茶饮企业，采取了直连客户的模式，并依“直连客户”的优势，大力拓宽产品线。

如喜茶，推出了以“喜小瓶”为品牌的瓶装饮料和以“喜茶”为品牌的袋泡茶，进入商超、电商、便利店等渠道，进一步覆盖更多受众，体现出较强的产品类别的扩展性。不仅如此，喜茶还推出了饼干、薯条、爆米花等零食。而奈雪的茶，开设了梦工厂，其商品类型涵盖了烘焙、牛排、零售、酒水、茶饮、咖啡等领域的上千种产品。

另一方面，充足的外部供应链资源和市场空间，给这些公司提供了机会。线下零售企业实施业务扩展，可以从大量的产业链公司内进行挑选，如星巴克就精挑细选那些能保证品质和价值观相仿的合作伙伴；智能硬件生产企业也可以选择为数众多的音箱、耳机、电视等外包加工及服务机构；而线上互联网企业，可以选择诸如云化存储服务机构、带宽提供机构、第三方数据服务机构等公司，为连接的扩展提供支撑。

对于拥有 DTC 的线下服务型或消费类公司，借助于互联网工具，也会逐渐体验到扩张的“跨界”特性。比较典型的是，这些新一代潮流奶茶连锁品牌，一旦拥有了 APP 或小程序，就会受到跨界的诱惑，在跨界的路上越走越远。

数字化时代的 DTC 模式，企业拥有了一个承载消费者数字化口碑的网络空间，掌握了激发、活跃消费者口碑的主动权，可以持续引导消费者加入该空间。不仅如此，随着数字化口碑的持续沉淀，消费者群体留下了越来越多的过往记忆，企业就可以实现把口碑数字化向社区化演进，拓展成为连接内容的网络空间。

第五节 敏捷化供应链

潮流化商品的需求容易出现情绪化，更富有数量弹性，这就要求供应链也要具备更大的柔性与弹性，尤其是那些快速变化的商品。潮流品牌建立敏捷化的供应链的思路有两种。一种是以自身为中心组建其反应更加迅速和有品质的供应链；另一种是促成和推动供应链主导企业进行改造，推动上下游关联企业的集中化、集群化，或实现产业链的一体化，形成更加反应迅速的供应链。

1. 组织供应链

以潮流服装为例，普遍采取“自有品牌专业零售商经营模式”（SPA，specialty retailer of private label apparel），由品牌企业主导，形成从策划、设计、制造、物流到零售等全链条的垂直整合模式，大幅度缩短服装的生产和销售周期，这是由 GAP 公司在 1986 年提出并实践的。同样，也为其他潮流服装公司所效仿，如 ZARA 的上货时间，即从设计到上架销售的时间，最快可以缩短到 7 天，平均是 10 ～ 15 天。快速上新的背后，是一个从设计、生产、物流到销售的敏捷供应链。高度整合的生产、物流体系保障了产品的快速生产、快速铺货、迅速更新。敏捷供应链带来了库存的高周转，ZARA 的库存只有 30 天，而 H&M 约为 60 天。

SHEIN 也借鉴了 ZARA 在新款开发、设计、制造上的策略，构建了上游供应链生态，设商品中心、供应链中心和系统研发中心三大部门。依托国内强大的服饰生产能力（如现货 40 小时内、备货 5 天内发货，而业内备货为 15 ～ 20 天），实现全球即时配送（使用空运，通过国内中心仓、海外中转仓和海外运营仓等体系的合力，完成全球配送）。其中，供应链中心的团队规模在 2019 年已有 5000 多名员工，而且“所有代工厂和供应商都要上 SHEIN 的系统，SHEIN 可实现对每个订单各个环节的实时跟踪”。有供应商称，“从收到订单、面料到将成衣送至 SHEIN 仓库，只需 5 天时间；其中，面料制作 1 天，裁剪、车缝和收尾 3 天，二次工艺（绣花和印花）1 天”。依托敏捷的供应链，SHEIN 具备单日上新超过 1000 件新款的能力；而事实上，在某些节假日或有促销活动时，上新数据还具备翻倍的能力。

要做到组织供应链，就要把与供应商之间的“买卖关系”变成“合作关系”，要能够指导、协助、提升供应商的技术革新和效率优化能力，尤其是能通过在产品技术和工艺技术方面的合作，提升供应商的品质和效率，才能把供应商牢牢地捆绑在自身的供应链上。

更进一步的做法是，潮流品牌企业直接介入上游核心设备的研发，做一些更加大胆的探索。企业的研发边界拓宽到上游供应链的设备研发上，尤其对一些关键核心设备进行研发，如果获得成功就能建立起强大的技术优势。如三顿半自主研发萃取机、冻干机等设备，以进一步提高产品的品质。如麦当劳把工业化思维引入餐饮服务行业，重组了业务流程，开发了许多半自动化和自动化的专用设备，不仅稳定了产品的品质，还大幅度提高了出品的效率。

2. 嵌入供应商

当消费端的需求变化越来越快，而供给端该如何提高供给效率？一个典型的案例是，阿里推出了犀牛智造，以服装加工制作环节为切入点，目标是建成小批量、多款式、多批次生产的柔性供应链，试图用信息化手段重组服装的加工制作与供应链环节。

仍然以服装为例，这类商品是一个典型的需求多变的市场生态，品牌企业普遍采取外包加工的方式，提高资本使用效率并保持生产的灵活性。那么，在这种分离的情况下，作为供应商又该如何保持对市场的快速反应呢？

申洲国际通过自主创新，建立了一套“纵向一体化”的敏捷供应链，一站式完成面料研发、设计、打样及生产等环节，提供“拎包入住”式的代工服务，不仅满足了品牌商的需求，企业自身也得到了长足发展。对品牌商而言，一旦采取“嵌入”供应商的模式，只需要抓好“设计”和“销售”两个高毛利环节即可，其他工作都可放心地交给少数供应商。

案例：申洲国际的一体化与快速反应

一张数百万元的订单，申洲可以在 15 天之内，完成从接单到交货。为了加快交货效率，申洲为大客户建设了专用工厂，一站式完成面料研发、设计、打样及生产等环节，提供“拎包入住”式的代工服务。而品牌商也将设计中心分站搬进申洲国际的厂区，设计端和生产端联动，缩短了产品的前导时间和新品投放市场的周期。

2018 年足球世界杯期间，法国队球迷需要一批法国队服来狂欢，申洲国际在 16 个小时之内，就把几万件球迷服送到了耐克上海公司，通过空运方式送到法国，正好赶在法国队夺冠之前抵达。

品牌商在及时准确分析需求后，申洲作为供应商，通过供给端的一体化，及时满足了消费者不断变化的需求。

嵌入供应商的模式，是供应商主导了制造、物流等环节链条的整合工作，而不是由品牌企业所主导。当然，品牌企业也可以依托自身的品牌影响力和采购规模优势，主动选择并集中供应商的产能，推动产业供应链流程一体化，用需求的集中来拉动供应链的重塑和整合，从而让供应链能够高效地响应设计的变革和新品的创新。

3. 系统化思维

提高供应链的速度并不意味着高成本，即便供应链端的成本会略有提升，可以用销售端的快周转、流通中的低库存，换取供应链的整体成本节约和效率提升。不仅如此，还可大幅度降低库存风险，总体来看，企业经营的风险度是下降的。

企业采取系统性的整体创新思维方式，对供应链的组织方式、产品创新和敏捷供应进行优化。以供应链整体优化的目标为导向，从源头开始，包括原材料、加工、组装、设计、运输、终端、交付、使用等全过程的角度来考虑创新与优化。

为了能让用户更加满意，要从整体链条上考虑供应链的优化与创新，从整体层面达到最优化，即便某个环节不是优化而是劣化，不能局限于某一个环节的创新和最优化。

典型的是 iPhone 的操作体验往往被认为高于 android 系列手

机，其核心是android的软件和硬件之间由不同的供应商进行整合，各自完成所负责环节的优化，更多的是从个体环节的维度进行创新的叠加，而不是联合型的优化；而iPhone则从软件和硬件的联合优化角度考虑，开发出可激发硬件潜力的软件，实现效能的最大化。

4. 产业链重塑

在大工业生产时代，生产企业往往通过专业化饱和生产或柔性订单模式，不断优化生产和供应链等诸多环节的效率，既优化生产质量，也不断降低生产总成本。

在移动互联网时代，数字经济超越了工业经济和传统服务经济，改变订单的流向（及成交场所），减少生产过程的时间或效率损失，其中对工业或服务业的成本结构的改变还比较少涉及。

以O2O业务为例，这种改变订单流向的服务模式，不管是堂吃（到店），还是外卖，并没有改变餐饮行业加工的业务流程，炒菜方式（即便有预制菜或半成品）变化不大，繁忙时段仍然很忙，空闲时段仍然很空。而麦当劳则创造了历史，改变了快餐业务的流程和成本结构——通过引入工业化生产流程，改变了服务业的效率，提升了产品的质量。网约车或出租车车辆运营的成本结构也没有发生实质性差异，除了订单被集中外，更多体现在政策壁垒与相关套利上。这些互联网模式，因为连接方式的转移获得了流量优势，占据了新入口，获取了入口转移的红利。

无论工业互联网，还是服务互联网，对于线下商家而言，下一步的痛点是：实质性地改变供应效率和优化成本结构。这可能是移动互联网下半场的主攻方向，最终还是要把工业化生产或柔性制造的思想引入服务业，用数字化（智能化）技术改造服务业，以提升服务业的效率。

“没有度量就没有管理。”（德鲁克）这里的度量就是一种使用数字化（含定性的数字化或标签化）技术的管理手段。而数字化技术的大面积应用，不仅是把信息（数据）作为一种增量的生产要素嵌入到生产函数中，更是其他生产要素的数字化过程，把这些生产要素的生产条件与过程进行数字化，进而通过模型测试、算法创新和开发迭代，不断提高劳动生产率。

数字化技术的进步，生产函数中技术水平生产要素的含义发生了巨大变化，还包括了数据及数据的算力、算法和传输等，是一种更加综合的技术含义。随着数据转换（获取）成本大幅度降低，或数字化能力提升所导致的数据获取成本的大幅度下降，数据要素的成本结构发生了变化，进而就可以通过生产要素的替代或优化，催生商业模式的变革。

案例：生产函数

柯布－道格拉斯生产函数最初是美国数学家柯布（C. W. Cobb）和经济学家保罗·道格拉斯（Paul Douglas）共同探讨投入和产出的关系时创造的生产函数，用来预测国家和地区的工业系统或大企业的生产和分析发展生产的途径的一种经济数学模型，简称生产函数。

对产业要素进行重新组织，通过对现有的产业进行革新，就能创造出新型商业模式。如房产经纪业务领域的贝壳模式，是对房地产经纪业务进行了重塑，通过业务流的重组，打造了一个面向C端的行业公共平台。另外，美团开发供终端餐饮机构使用的点餐软件，类似于SAAS模式，既提高了点餐环节的运营效率，也增加了餐饮企业的黏性，实现了更深度的绑定。

海伦司小酒馆，就开发了一套“支持中心”系统，分为氛围控制中心、物流控制中心等功能部门。从中央音乐管理、门店运营管理到供应链管理，对连锁门店进行流程化、标准化，并称之为“全链路的数字化管理”。

如中央音乐管理系统，是一种集约化、可视化的智能音乐管理系统，仅需5名员工就能够精确、实时地控制每一家酒馆的背景音乐。各酒馆可根据营业时段高峰期时长、消费群体、节假日等因素选择适宜的曲目进行播放，自动实时调整音乐播放音量和节奏，选择最合适的氛围与用户体验。

如 Future BI 系统，增加了对门店运营状况的实时感知能力，形成了统一的数据分析和管理平台，可以实时了解每家门店的销售、客流、天气、人员及用电量等情况，分析人员安排、能源消耗的合理性，并根据销售、原材料实时库存等情况，自动生成原材料订货数据。

第六章
社群化维系口碑

你站在桥上看风景，看风景的人在楼上看你。

明月装饰了你的窗子，你装饰了别人的梦。

——卞之琳

当前，潮流商品必须能够提供“打卡”“评价”“社交”等必要的元素，才能有效鼓励消费者对潮流的模仿行为。

与消费者的“良性互动”，不仅应该是企业的一种自觉意识，更应该是一种共塑思维。

故事性可以大幅度提高传播的效率和范围，容易引起客户群之间的交互。

第一节　顺应潮流行为

潮流是一种模仿，而模仿行为也需要广而告之。

如果企业能够鼓励这种模仿行为，就是在鼓励对自身的品牌、产品或服务的广而告之，就能获得潜在用户的关注，也是在鼓励潮流的持续。甚至“虚荣心”驱使的年轻人，迸发出强大的动力，也推动了潮流的持续。

在数字化时代，消费者在基本功能性需求之外，有了潮流性的延伸需求，并从产品的群体认同属性上得到了满足。企业需要从产品及设计、消费场景、文案宣传、商业活动等方面，增加可以诱发“打卡”“评价”“社交”等必要的元素，这也是在诱发消费者进行互动，鼓励消费者对潮流的模仿行为。

1. 打卡的需求

手机的普及，是一种工具科技化的结果，导致信息生成更加方便和简单，语音可以便捷地转换为文字，拍照胜过繁杂的文字撰写，简短评语即可释放消费的情绪。生产信息的门槛大幅度下降，更多的消费者熟练地掌握并热衷于拍摄、修图、录像等，信息的数量也呈指数级上涨，网络上充斥了消费者的评价信息与消费反馈。

消费者不仅主动生成了各类信息，也热衷于对兴趣信息进行转发，不自觉地成为某一类热点信息的“人工放大器”。有报告对 Instagram 2016—2017 年的用户图片进行分析，有近 31% 的用户把潮流品牌（商品），作为他们分享照片的主要或相关元素。其中，被誉为“咖啡界的 Apple”的 Bule Bottle Coffee 为 Instagram 贡献了 20 万张照片。由此可见，不管是文案，还是设计，最终能让消费者主动发朋友圈、微博，或直接发给朋友，都是一种成功的社群化手段。

案例：拍照打卡是一种需求

新一代奶茶（现制茶饮）品牌茶颜悦色，在 2015 年创立后一直扎根长沙，获得了消费者的高度认同和良好的口碑。茶颜悦色擅长搞文创 IP，十分会“玩”。不仅店铺的场景化设计、奶茶杯、餐纸、周边文创产品，甚至提供的服务都有鲜明的“国风”特色。由于每家店铺的设计都不一样，许多粉丝还会选择打卡不同的门店，外地粉丝甚至会专门打“飞的”去打卡，并通过朋友圈广而告之。

茶颜悦色借助于口碑传播，诸如大众点评、小红书及抖音等各类网络平台，把品牌做成可以打卡的娱乐品，进而得到全城乃至全国的流量和注意力。

由此可见，消费者的拍照打卡诉求，既是一种需求，也是一种社群化的行为。

有值得“炫耀”属性的消费品，往往是那些非“宅类”商品，是那些非固定的、可以移动的商品，如餐饮、手表、箱包、烟酒、汽车等，都具有一定“炫耀”的成分。炫耀成分天然地具有社交属性，能够被塑造出“个性”“酷炫”“奢华”等形象，进而通达“人情”，就有了成为贵重“礼品”、个人自我实现或个性偏好的功能。而商品本身的使用价值反而在其次，其蕴含的“社交”“档次”“面子”“人情”等，往往成为消费者决策最重要的成分。

如发源于长沙的文和友美食广场，许多顾客慕名而来，拍照打卡后将体验发布在社交媒体上，吸引更多的消费者来“打卡”，形成了正反馈的循环。以长沙海信广场超级文和友为例，其在微信、微博、抖音的累积曝光量超过 60 亿次。

如果许多 KOL 或消费者能主动拍视频对外分享，并不需要公司花费多少费用和成本，但这些主动分享却能产生连锁反应，在社交媒体上形成势能，进而影响更多的流量关注和支持。社交媒体本身也需要热点来维系自身的口碑，这就是“打卡”给企业带来的溢出效应。

2. 评价的需求

技术进步导致了发布评价更容易，各类互联网平台也把社群化作为一个增加客户黏性的创新方向，消费者发表评价（点评、弹幕等）行为得到了鼓励。消费者通过发布评价获得了更多的参与感，就会更加主动积极地进行参与，形成一个正向循环。如一些网站视频上满满的弹幕，这都是年轻人的贡献。那么，这些年轻人是在消费弹幕、消费视频内容，还是在消费“评价”？许多视频 UP 主，会提醒“请把选择打在弹幕上”“请弹幕支持一下”“请一键三连”等，跟观众进行“弹幕”互动。

新消费群体（被动或主动）所做的评价信息，被各类信息平台所汇总和展示，进而形成了一个评价信息的集中地、一个信息交互的网络广场。那些个性较为积极和有组织意识的消费者，就能发挥其个人专长，主动对评价群体进行组织和引导。典型的如贴吧、点评类 APP 和线上销售渠道的点评功能区等，既提供了“评价”的发布平台，也提供了一个聚集和讨论平台，其中不乏具备专业知识、富有组织能力的消费者，以“坛主”“吧主”“管理员”等身份从事组织工作。

这种有共同主题的点评区或讨论区，存在“轻量社交”“陌生社交”的属性。而各类互联网平台对“社交”功能的热衷，也会大幅度降低用户的积聚成本，会提供诸多便利以推动此类信息在平台内的积聚。以“小红书”为代表的专注商品体验并带有社交属性的网络平台，让那些对商品素有研究的消费者，有机会自我成长为大 V 或知名 UP 主（KOL 或 KOC）。平台公司也会主动培养这个群体的影响力和话语权，积聚起规模庞大的愿意听从意见领袖的消费者群体，并以此开展商业活动及互动行为。

消费者听从评价并选择模仿，就获得了一种社群感的满足，也获得了归属感。而因为能给年轻人带来不一样的消费形式和体验，也就成为一种与众不同的商品。

3. 社交的需求

在人类社会的生活中，社交并不是全部，却是不可或缺的。在马斯洛需求理论里，社交需求属于可实现的高维度需求。作为一种群体性动物，人类的社交需求也是刚性需求，需要找到一个符合自身社交倾向性的群体，并通过获得认同来支撑自身的安全感。在消费行为或消费过程中，让自己成为认同且能消费该种 / 类商品的群体，也成为被他人认同的群体一员，进而获得了一种认同自身与认同他人的归属感。

满足客户社交需求的方式在不断变化着，如炫耀性的需求作为一种社交性需求，是在熟人或非熟人圈显示自身稀缺性的需求，满足这种需求的方式是一直在变化的。这是奢侈品不断推出更加昂贵的商品、推出限量款的原因所在，也是市场上不断涌现“奇”“潮”等手机壳的原因所在，甚至手机的屏幕主题都能成为商品。国内某互联网大厂，在卖“皮肤”上颇有心得，在聊天工具、游戏道具及皮肤、红包皮肤、主题皮肤等方面都开启了新的掘金空间。

星巴克把第三空间概念（即一个公司与家庭之外的非正式公开场合）引入咖啡店，提供了家庭、工作场所之外的社交场合，让消费者在咖啡的香气、舒缓的音乐、柔和的灯光、安坐的舒适中，享受社交乐趣。第三空间理论是社会学教授雷·奥登伯格在1989年提出的，即美国居民郊区化之后，都市地区交流空间出现短缺，“人们需要有非正式的公开场所，可以在这里聚会，把工作和家庭的忧虑暂时搁置一边，放松下来聊聊天”。星巴克将自身消费场景嵌入到社交关系链中，或把社交关系链嵌入消费场景中。从某种程度上来看，高端酒类也是一种社交性商品，是在社交场景中呈现出的“尊贵情谊”。

目前，诸多线下终端消费场所，都在想方设法增设“社交空间”的概念和功能，除了提供零售服务以外，还提供文化、精神以及社交的体验。如小酒馆连锁海伦司，以“年轻人自在的聚会空间”为定位，试图重塑小酒馆的商业模式。

案例：小酒馆连锁——海伦司

海伦司小酒馆，采取了标准化、规模化与连锁化的商业模式，全部直营的运营方式。在选址上，海伦司避开昂贵的商业中心的最佳位置，选择与商业中心较近且略偏的位置，既可导入商业中心的人流量，又节省了租金成本。将酒水等产品价格压低，大部分瓶装啤酒定价在 10 元 / 瓶以内，比同行的平均售价低了 35% 以上。

海伦司小酒馆被定义为“年轻人自在的聚会空间”，吸引了一大群追求轻松氛围、平价精神的年轻人，核心消费群体在 20 ～ 35 岁。其酒水产品以自有品牌为主，外部品牌为辅。扎啤、精酿、果啤、奶啤等自有品牌产品，在总酒饮中的占比为 65% ～ 70%，其毛利率超过了 70%。

海伦司的商业模式可以简化为：自有品牌为主的平价酒水（上瘾商品）＋中心商圈的边缘地段＋线下的社交空间，为年轻人提供了一个“将来这里会有我们的回忆”的聚会、活动空间。

当社交也成为商品（服务）的一部分时，企业提供附有社交属性的商品或消费场景，不仅是把企业与消费者之间的关系，还把消费者之间的关系，都塑造成商品或服务的一部分。而且，消费者自身也成为商品的一部分，即“你站在桥上看风景，看风景的人在楼上看你”。新消费群体，其社交的需求主要体现在“宅”在网上，“交”在线上，展现出一种新型的社交方式。虽然线下仍存在各类社交需求，但是，线上社交更方便快捷。依托互联网平台，可创造出更大的线上社交圈，呈现出一些全新的特点。

依托互联网平台，出现了社群互联网化现象。作为国内市场上最强的社交型连接——微信和QQ，把原本属于线下的交往，迁移并固化到互联网上。不管是陌生人社交，还是熟人社交，作为最具黏性的需求，互联网化越来越普及，也越来越牢固。在同一个虚拟的数字化空间里，对应着一个现实存在的物理空间和一群实实在在的个体，这些群体会自发产生组织者或领导者，并在数字空间内形成群体。与以往不同的是，原本消费者群体是线下零散的（地理）分布，在地域上缺乏可组织性；而微信、微博等社交类平台提供了一个组织活动所具备的各项功能（包括网络会议），形成组织的成本急剧下降，而活动效率则大幅度提升。

依托互联网平台，发展出一个新型社会关系。新消费群体通过发表“评价”和查看“评价”，以及线上和线下的社群活动，包括自助式活动或企业有意引导的活动（如线下俱乐部、推介活动）

等，建立了一种新型的社会关系。以 2005 年湖南卫视的综艺选秀节目《超级女声》为例，当时粉丝们利用 QQ 群和百度贴吧，短期内动员了庞大的人群去短信投票，支持自己喜欢的偶像，这种“粉丝社群”现象开始萌发。随着微信、微博等移动互联网工具的兴起，这种组织方式更加便捷和高效，这些群体也逐步转移到新的互联网平台上。同时，在明星粉丝团内也产生了“饭头”和“饭圈”的称谓。

依托互联网平台，社群性行为更加普遍和广泛。富有社交性意义的服务或产品，是一种群体性决策和行为，其更有黏性；而不带社交性意义的产品和服务，是一种个性化的决策，单体个人就能决定是否购买或消费。群体性的决策，更有“服从性”，也会有更多的“盲从性”。正如《乌合之众》所言，“当个人是一个孤立的个体时，他有着自己鲜明的个性化特征，而当这个人融入了群体后，他的所有个性都会被这个群体所淹没，他的思想立刻就会被群体的思想所取代”。

群体性活动必然会产生一些比较负面的现象。如娱乐明星作为一种产品，其影响力（实质是一种社会关系）就是一种商品，个人的社会形象非常重要，而其“粉丝”群体往往会做出一些不符合社会价值导向的行为，进而最终伤害到明星的形象。时常会有粉丝在贴吧、微博等社交平台上发布过激言辞或对他人进行攻讦等，甚至在一些公共场合如机场、演出场所有不良行为。一些电影的粉丝群体也存在同样的不良表现，不仅对电影内容有恶语相向的评价，甚至引发地域、性别歧视等。与粉丝疯狂行为相伴而生的，就是黄牛现象的成批出现，同样也是一种负面现象。

第二节　口碑的故事化

品牌或口碑是一种软性入口或思维入口，也是一种自发流量。

品牌塑造的过程，要想方设法提高传播效果，必须得让消费者容易记得住、想得起和有共鸣。而故事性往往是高效传播的有效元素，“故事”容易引起客户群之间的讨论与交互，有助于企业（品牌）与消费者之间的互动，甚至有些广告语本身就属于一个浓缩的“故事”。

另外，缩短与客户的心理距离，或提供一些超值服务，都需要话题性来承载和传播，用话题性和高传播力来塑造故事化的口碑。

1. 有情感的理由

对于一个新的潮流品牌，首先会遇到两个问题：第一，如何给消费者购买该品牌一个理由；第二，如何说服消费者认可这个理由。

如果把人的回忆视同一种脑内搜索，那么，品牌、功能、特性等都是记忆搜索框里的备用搜索项。消费者究竟是去搜索“功能”，去搜索品牌，还是去搜索特性？取决于品牌留下的印记是否强烈（心理距离的远与近）。主动搜索的门槛其实是很高的，正如莫罗所言，“每个人都是自身经验的囚徒”，每个人都无法去搜索超越自身认知圈之外的内容或物品。建立新品牌就是把新的信息嵌入消费者的认知圈内，并在该认知圈内留下深刻的可记忆的形象，要让该品牌成为搜索框中的备选项之一或唯一的备选项。

Marketplace Pulse 提供了一个有说服力的细节数据。它分析了亚马逊上 10 万个最受欢迎的关键词，大约占亚马逊搜索量的 64%。其中“Apple”等品牌名称或“iPhone”等特定产品在内的关键词被视为品牌。在这 10 万个关键词中，78% 不包括品牌名（和亚马逊公布的数据相仿）。然而，前 1 万个搜索词中的 74% 和前 1000 个搜索词中的 68% 都包含品牌名称。这也意味着，仍然有数量众多的品牌做到了接近或超过 70% 的平均记忆率；其中，那些高频化需求或大众化需求的品牌记忆性更容易被树立起来。

使用品牌词汇直接搜索行为少（30% 左右）的现象，意味着从整体来看，消费者群体更多是基于需求购物，只有很少的品牌能把需求购物转化为品牌购物。Marketplace Pulse 进一步分析，在社交媒体上，消费者关注特定品牌或品牌专卖店；而在亚马逊上，消费者把搜索当成了一种需求。消费者并不是寻找特定的某款品牌鞋，而是通过搜索某品牌鞋，进而去搜索所有跑鞋，然后使用评价和评分信息来挑选最合适的。即便如此，首先成为搜索关键词或最多关键词的品牌，仍然存在着较强的连接关系，存在被消费者购买的最优先级。这也反映在社交媒体上，消费者有更强的群体从众属性。

与企业或品牌的情感联系，会拉近企业与客户的关系，尤其是富有个性化的服务或依托实物所形成的情感连接，可以增强商品消费过程的情感维系。消费者与品牌之间的连接关系，反映了消费者对品牌的记忆及期望值，如果对产品的消费尝试超过预期，则会提高对品牌的认可度，反之则会降低认可度。典型的就是王老吉的案例，自建立了“不上火”的连接关系后，全国化市场就被逐步打开了。

案例：凉茶与“怕上火”的连接关系

王老吉在主打“怕上火”之前，广式凉茶的销售市场主要是东南少数几个省份，市场规模不大。南方省份的居民或商家会自己煮一些凉茶饮用，主打“清热解毒、生津止渴、祛火除湿等功效”，依靠的是多年沿袭所养成的消费习惯。

而其他省份的凉茶市场很小。一个重要原因是口味问题，药味比较重，不太习惯。另一个原因是，饮料种类多如牛毛，消费者缺乏一个购买的理由！

当川味火锅在国内大面积推广时，“辣味”成为一种容易上瘾的消费习惯；与此同时，“上火”成为与“川味”“火锅”消费行为伴生的一种负面情绪。王老吉则利用了火锅店这个特殊的渠道，在最容易“上火”的消费场景里卖“不上火”的商品。

从王老吉主打“怕上火”以来，它就成为“不上火”的代名词，成为与“上火”（情感）形成连接关系的商品。

新产品或新品牌面市，消费者首次购买行为是一种尝试性连接，只是一种开端，并不代表有持续性。一旦商品没有满足消费者的基本需求，尝试性连接就有可能被中断。有一些明星或网红餐饮，可以做到红极一时，顾客盈门，但在3～5个月后就门可罗雀了，原因何在呢？餐饮行业的门槛并不高，资金投入、门店选址、新兴创意等都不难，总会有各种各样、奇奇怪怪的产品或服务冒出来。如果考虑顾客口味的变化，及对新口味尝试的偏爱，做好餐饮是非常不容易的。让消费者每次消费经历都感到满意或惊喜的难度是非常大的，进而就会出现“易尝试、难保留”的现象。如果餐饮质量不稳定，自然就会出现门前冷落的现象。这也意味着，情感上的连接只能满足基本需求之上的附加需求，单纯的情感无法逾越基本需求不足的底线。

通过创造互动的方式，与潜在客户主动建立情感连接，这种连接关系可以是来自明星的偶像光环，也可以是来自其他消费者群体。在客户群里，有一个能够认同企业的核心客户群体，与这些核心客户有情感联系的人员，也是企业的潜在消费群。不断持续壮大核心客户群，也是在扩大与核心客户群有情感连接关系的潜在客户群。

2. 有故事的文案

带“故事性”的信息更易传播，为此，要尽可能选择带故事的信息！

对于故事性，英国小说家爱德华·摩根·福斯特（E. M. Forster）对于事实的相对价值（故事）有个经典评论：“王后死了，国王死了，这是事实；王后死了，国王死于心碎，这是故事。”从故事性的角度来看，有商业模式的，有功能与情感的，有结合情绪的，有结合品牌定位的各类文案。

商业模式的故事性，如星巴克的“第三空间”理论，优衣库的“让消费者买到最潮流的时尚资讯与时尚理念，而不是简单的一件衣服”，海伦司的“年轻人自在的聚会空间”等，既可以作为公司的形象宣传，也是一种软性广告。

功能与情感上的故事性，如一些饮料企业或保健品企业，最为擅长在情感上讲故事，围绕情感方面做文章，诸如“怕上火”“补脑”等。“六个核桃”的“补脑”说，就是借助父母“望子成龙”的愿望，讲了一个“补脑”的故事。教育部发布的《2019 年全国教育事业发展统计公报》统计数据显示，2019 年全国各级各类学历教育在校生 2.82 亿人，这展示了巨大的市场，也是新消费群体的发展潜力。

结合情绪的信息与故事，会不断被选择，甚至被放大！如从描述一个行为或现象来看，“降价”“打折”等是不含情绪的，而“退租清仓价”“节日打折价”等是含有情绪的。段永平曾回忆，当年小霸王的广告语他也琢磨了半年多的时间。从“包你三天会打字”到“为了将来打基础”，要保证简单、概括、记得住，只不过大多数人只记住了最后一句“小霸王其乐无穷”（有情绪）。而“妈妈再也不用担心……”的广告语，亦是如此。

品牌定位往往也具有故事性，某些/类商品之间的差异性很小，消费者难以通过口感或试用过程辨别出显著的差异，却容易辨别出品牌形象或口号上的差异。定位是在消费者的心智模式上获得认同，这个心智模式成立的大前提就是有可辨识性。那些市场上的“卖水人”往往通过不同的品牌定位，将“高含水”的商品以“不同的形象”卖给消费者。如矿泉水（矿物质水）、白酒、饮料、牛奶、补水化妆品等等，这些以“水”为主要成分的商品，都是通过“讲故事”建立起以情感为核心的连接。

案例：会“讲故事”的卖水人

有一类非常特殊的消费品，其成分是“高含水”，即水在产品成分里具有高占比，接近 50% 或更高的比例。如 53° 的白酒，从体积比例来看，约 47% 的成分是水。至于饮用水，则 100% 是水。

对于这些“高含水”商品，其功能、质地等基本属性方面差异都很小；而这些企业（也就是“卖水人”）在产品之外讲“故事”的水平和能力，决定了产品的市场空间。如一瓶高档白酒可以近万元，而低端白酒只有十元左右，价格相差了上千倍。

咖啡饮料里水的含量也超过 90%，所以，星巴克也在卖水人之列。

另外，要用让那些购买者能接受的方式讲故事，“六个核桃”的故事是讲给年轻父母听的，而“脑白金”是讲给那些刚刚工作的子女听的，一些“新、酷、奇”的潮流商品则是讲给更年轻的消费者听的。需要针对不同的受众，对文案的设计、表述方式和传播渠道等方面进行精心挑选。

同样，企业在logo设计上，有的采取比较简洁的字母或字体形式，有的采取宠物化或卡通化的方案。这些宠物化或卡通化的设计（文创化），就可以成为一个“附赠品”；还可以围绕形象展开演绎，设计一些故事性的内容及IP，既丰富了品牌的含义，又增加了故事性。

3. 有忠诚的昵称

“昵称”是对某种商品的非正式称谓，可能是消费者起的，也可能是企业主动“命名”的。“昵称”的存在拉近了消费者与产品及品牌之间的距离，不再是一脸严肃的产品或品牌，而是相对亲昵、亲密的关系。

对一些富有情感的“粉丝”或“忠诚客户”来说，互相用“昵称”来称谓和讨论某件商品，不仅拉近了彼此间的距离，还成为一种专属的区分。同样，用“昵称”也让消费者不用记拗口的标准名称。“昵称”让记忆更简单，让记忆更清晰。如果对消费者群体做个调查，估计绝大多数消费者都无法准确回答出“小棕瓶”的“标准名称”。

一些企业的网络客服也创设了昵称，如“小元子”“小完子”等。有“昵称”就有故事！“昵称”里浸透着故事性，谁不喜欢故事呢？“昵称”所呈现的故事性，让消费者更容易记住，迎合了易于情绪化的消费者群体，展现了故事性的良好传播效果。冯磊（2020）

在一篇“要有故事”的文章里讲了一个故事：1911 年，一个叫文森佐·佩鲁贾的人偷走了达·芬奇的《蒙娜丽莎》，之后两年，他将这幅画挂在自家的厨房里。据说后来，四目相对后他爱上了蒙娜丽莎的眼睛。案子最终告破，窃贼的厨房因此名声大噪。之后数十年间，无数人开始研究“蒙娜丽莎的微笑”，这幅画成为当今世界著名的艺术品之一。这个皆大欢喜的结局，可能就是“微笑”的故事魅力吧？提起科学家牛顿、伽利略，大家都会想起苹果树和比萨斜塔的故事，科学的普及同样也需要故事性来增强传播力。

如果“昵称”是由消费者起的，并在消费群体里得到广泛认可和流传，这属于忠诚的消费者给予产品或品牌的“奖励”和“厚爱”；而这个群体恰恰是能够与产品或品牌形成刚性连接关系的群体，也恰恰是企业给予重视和发展的重点客户人群。

4. 有增值的奖励

消费者愿意为产品功能之外的服务（增值服务）、品牌（心理距离）、便利性（物理距离）等买单。

在企业与消费者之间的互动活动中，如果提供了一些增值服务，就是一种奖励消费者的行为，会让互动更加有效。如蔚蓝汽车 2017 年在上海开了第一家 Nio House，有近 2000 平方米，装修精致程度堪比奢侈品门店。里面不仅卖车，还有一个类似星巴克的咖啡空间，以及图书馆、开放式厨房、儿童乐园和会议室等各种高档搭配。

还有一种比较典型的就是“人为造节”，如无中生有的“双11”，调动了用户或会员的参与性，也让一些粉丝参与进来，体现出一种参与感。而小米的爆米花节、蔚蓝的 Nio day 等，也是制造一种粉丝或用户独享的节日活动（如同游戏一般），进而营造一种氛围——参加的人员是一类，不参加的人员是另外一类。

某著名的火锅连锁店，每到就餐时点，排队就非常长。但仍然有很多食客趋之若鹜，宁可等待半小时，甚至一小时以上，也不离不弃。是因为这个火锅非常美味，特别好吃吗？可能也未必是这个原因。这里的火锅至少做到了不难吃，剩下的就是“超出预期的服务”了，并依托这点打造了一批粉丝。如果要求每个企业都用超出预期的服务或惊喜来脱颖而出，显然并不是一个好主意。不排除个别企业采取这种模式或思路具有可行性，但对大部分企业来说，学习“江小白”的内容营销可能更具现实意义。

如某餐饮连锁企业为了增加到店率，采取了一些诸如特定时段的减免、送赠品或给生日惊喜等。为了有效实施这类对顾客具有偶然性或随机性的奖励，就需要对终端员工进行充分的授权。因为这类决策无法上交总部，也无须上交总部，往往采取下放决策权的方式，由终端员工进行自主决策。这就对企业组织的灵活性提出了要求，可以通过终端环节的数字化水平，减少终端决策的道德风险。

5. 有争议的传播

要吸引年轻人，最有效的手段是从注意力转移开始，先体验尝试，进而变得时髦，再变得流行。而注意力是稀缺的，很容易被其他热点所吸引和覆盖，必须要维系一种话题性。“免费的传播是最高回报率的传播”，“有争议的传播好过简单的正向传播”。产品创新和新产品面市本身就是一种话题性的来源，而广告、策划或宣传的话题性，同样也可以用来维系口碑。其中，为提高广告文案的效率，传播必须要有“话题性”，要能够吸引消费者的眼球。

“争议”所引起的是市场的注意力，是消费者的注意力，可以获得更多跨圈信息流的注视，也是对既有客户群忠诚度的检验。这就是“不怕骂声，只怕无人讨论”的原因。有骂声意味着有人关注，而无人讨论则意味着打了水漂。引发争议较多的，往往是那些具有社交性质或可炫耀性的商品，往往会出其不意地引发一些“争议”“误解”，这既满足了曝光度，也让消费者的炫耀心理得到了释放。

所有品牌都需要在粉丝群体里维持一定的曝光度，失去了曝光度，也就失去了在市场上存在的价值。即便是再大牌的商品，也要不断维持自身的曝光度，让现有消费者感知，让潜在消费者转化。一方面，当前的流行迟早会终止，潮流时尚也会慢慢褪色，这就需要企业不断有创新涌现；另一方面，口碑与消费维系如同由企业所主导或运营的一款“游戏”，也需要及时互动。

潮流品牌不断在粉丝群里创造争议，或者跨圈引发争议。不同类型的争议，就是在不同群体的跨圈营销。这也是用故事性塑造品牌的内在要求。出圈，意味着跳出现有的客户群体或刻板认知，扩大潜在消费者群体。扩圈，则意味出圈后，圈外群体被转化为忠诚客户，并持续提供购买力。每一代年轻人，都有羡慕“嫩化”或“熟化”的传统需求，无非表现形式有所不同而已，这往往也容易引发争议。对企业来说，找到合适的载体和形式，“嫩化”或“熟化”都能引发年轻一代的潮流风向，这也是“出圈”和“扩圈”的两个方向。

“争议”并不完全是“负面”的，而“负面”一定是有“争议”的。社交网络的发达，任何处理不当的事件都可能引发“轰动”的负面新闻，进而对产品或品牌造成不可挽回的损失。总体原则应该是“管控负面、激发争议”。如星巴克咖啡杯的容量规格是“中杯、大杯和超大杯”，这种规格就成为一个引起争议的“梗”。而2021年初，某网红奶茶连锁品牌，因为某款商品文案低俗，引起舆论的很大争议，过往的低俗文案也一并被翻了出来，捅了大娄子，这种就演变为“负面”舆情了。

为了迎合一些不良的偏好，有些企业会热衷于在两性关系上打“擦边球”，这自然会引发争议，甚至出现舆论失控的状况。如果企业因为低俗营销，触犯了社会风俗的底线，这就是负面而不只是争议了。

第三节　引导社群互动

用现有顾客的口碑，去推荐、激发潜在消费者转化为顾客（用户），这是成本最低的促销方法。通过形成群体性口碑传播，或鼓励群体性消费行为，可以提高口碑传递的效率，也是经济性较高的方法。

史玉柱总结了网络游戏模式的生命力，认为核心在于“玩游戏有乐趣——就是即时反馈（游戏给予的互动与回应）、即时奖励、超出预期”。同样，对于消费者的评价，企业也要及时做出响应，不能拖延或漠视，尤其是对一些负面的评价，更是要立即做出回应。

1. 与客户互动

互动是一种意识，更是一种共塑思维，要以“良性互动”指导客户关系管理的日常运营。企业与消费者之间的互动有“弱社交”

的内涵，而社交往往有比较强的持续性，是一种“黏性”。有了互动关系后，企业才可做到比消费者更加了解需求的实质，才能对最新需求做出最精准的响应。

企业与消费者之间的互动，是企业去主动寻求“反馈”，并对“反馈”做出响应与创新。互动存在于企业与消费者之间，也存在于消费者内部的连续交流与沟通。互动是存在于一个系统内，能够传递商品信息及消费者感知的双向互为影响的关系。有如下几个特点。

第一，企业与消费者共存于一个系统内，也就是企业提供产品（服务）及品牌，并与消费者构筑连接关系所处的商业系统。

第二，信息是双向传递的，不只是单向由企业传递给消费者，也包含消费者传递信息给企业的过程及消费者内部的信息传递过程，即“反馈”和“交互”。

第三，双方都会通过所传递的信息来相互影响对方。其中，企业意图影响消费者的购买决策，而消费者在展示个人评价的同时，既是满足自身的“打卡”需求，也是意图影响商品的一些属性，包括影响其他消费者的购买决策。

第四，对企业而言，消费者内部的互动具有更大的战略价值和挖掘空间。不管是企业连接的客户数量的多与少，还是所连接群体的购买力的大与小，最核心的仍然是企业从与消费者的连接中获利的持续性和规模性。而消费者内部的互动，尤其是社交化和社群化行为，会让消费者群体更加具有黏性，为连接货币化提供持续性保证。

在日常运营过程中，企业经常会使用“忠诚度”“复购率”等指标来分析消费者对产品/品牌的喜好程度。对企业而言，一个忠诚度高的消费者对企业的直接贡献，可能会胜过四个随意性购买的顾客（即20/80原则）。如果从互动的意义上来看，一个忠诚度高的消费者，通过其与社会其他潜在消费者进行互动，所创造的价值可能会超出十个普通消费者，甚至更高（即KOC的价值）。

在数字化时代，新型口碑传颂仍然有效，其传播路径更广，辐射面也更宽。与以往不同的是，信息技术日趋发达，客户的评价手段和方法越发丰富，且更加主动、显性、及时。不仅企业方可以获得反馈，体量庞大的潜在购买者或现有消费者，也可以获得各类反馈信息。消费者群体中富有影响力的大V（KOL）或资深消费者（KOC），作为“中间力量”的影响力已经不亚于一般的影视明星。为此，通过积极有效地激发消费者的反馈，形成可持续的反馈，可以提升品牌形象、维系产品口碑。

首先，要提升消费者（顾客）评价的积极性，提高“评价次数/购买次数”“评价次数/观看次数”等指标的数值，这是一个反映深度互动率的指标。最高程度的互动主要是以文字（包含图片、视频）表述为主的评价；当然，也可以把评价次数的统计扩大到包含点赞行为。由于长篇的或专业的文字表述难度更大，也需要消费者更加专业、费时费事去酝酿和构思，其互动价值更大（也包含了更大的影响力）。

以电商平台为例，有些平台仅把评价作为一个功能区考虑，并没有为客户的评价展示及再评价功能提供足够的便利性；甚至采取折叠的方式，把评价展示隐藏在下一层级，或隐藏了一些再评价的对外展示权限，仅供评价用户自己可看。这些做法就是对新消费群体的“数字化口碑”特性认识不到位，在平台设计时没有考虑“互动”及“社群化”的开发导向。

为鼓励消费者积极评价行为，对此类行为进行奖励是最常用的措施，如：对文字类点评给予一定数量的、可以在购物时抵扣现金的“币”或“豆”；如果是图片或视频，则给予更多数量的奖励；等等。这种奖励行为比没有奖励行为要好很多，会增加较多的评价数量。但是，这种评价仍然是单向的，缺乏互动性。还应该继续鼓励“再评价”行为，对“再评价”的数量和质量进行奖励；同时，将“再评价”及时反馈到原点评者或关联者，以鼓励更有深度和频度的“持续评价”行为。这既鼓励KOC的形成机制，也促成平台向互动型社区化方向的转变。

变化的商品会越来越多，不变的商品则越来越少。商品的进化速度，已经成为商品竞争力的一部分。与客户的互动是为了商品的进化，商品的进化又是为了更好的互动，互动已经成为必需。

2. 引导组织社群

在互动的基础上，引导消费者群体组建成社群，强化消费者群体内部的互动与社交行为，是一种提升口碑位势的策略，更是一种沉淀客户（会员）的策略。

以往的企业与消费者的连接关系往往体现为企业与个人或企业与松散团体（团购）的关系。而如今，所连接的对象可被互联网强化为相对紧密的群体或团体，能以相对稳定的形式或面貌出现，形成一个可组织化、以群体形象出现的消费者群体。

对企业而言，不仅要接受这种变化，主动对接这种“组织化”，甚至要主动引导并组织相关社群。引导组建客户社群化，有几种不同的方式。

一是通过场景的社交化（或社交链的导入）产品及场景的潮流化设计，激发和鼓励消费者的评价行为，如发朋友圈、微博等，从源头上激发互动，产生口碑，扩大影响力。

二是引导消费者持续关注公司或产品，或推荐关注 KOL（或 KOC），把零散的消费者用互联网连接起来，并通过群体化方式形成多个有组织的消费者群体。

三是积极扶持 KOL（或 KOC），推动消费者群体粉丝化，鼓励 KOL（或 KOC）做大做多粉丝数量，扩大口碑传播链的中间力量。

四是积极引导群体性消费行为，增加群体消费的订单占比。

五是在消费体验上持续创新，不断为粉丝群体创造惊喜，创造“打卡”需求。

（1）消费场景的社交化

在消费场景里增加社交的功能，如星巴克所倡导的第三空间理论，就是在家庭和工作场所之外，给消费者提供一个休憩和交往的场所。从中国白酒行业的龙头企业转换历程来看，从山西汾酒，到五粮液，再到茅台，“老大”身份转变的主要原因，就是超越者在社交场景的导入上做得层次更高，影响力更大，也更加面向未来。

通过设计一些更加个性化的消费场景，能体现潮流化的消费场景，就能吸引消费者来“打卡”和体现“仪式感”，更容易出现群体性打卡的行为。同时，还可以设计更加潮流的产品（或文案），去引起消费者的共鸣，激发消费者去发朋友圈。如新式奶茶产品的色彩搭配与包装创新、江小白表达瓶的包装类软文等即是如此。各类互联网平台也在纷纷开通“再评价”的功能（这个功能的操作便捷性也很重要），加强评价的互动性，进而推动社群化（典型的是那些推荐或评价网站的粉丝团）的出现。

当前，在社群互动的方式上，也开始偏重短视频与直播的形式，这种形式更加富有互动性。短视频和直播，原本是一种视觉体验方式，现在成为一种新型的、带有互动性的信息传播方式，带来了企业与用户之间连接方式的重构。

还可以通过举办具有社交化性质的线下活动，主动创造一些高频次的社交场景。如孩子王在社交活动营造上极具特色，每年每家门店打造近千场、全国每年累计超过数十万场的亲子活动，包含妈妈班、父母体验班、宝宝比赛、生日会等40余种互动产品，满足不同年龄段的不同需求。还会以城市为单位，定期举办各种大型城市间亲子互动，以活动带动线下和线上的社交形成与体验。当然，线上的社交活动成本要明显低于线下，推动采取线上on line的社交方式，也有助于降低运营成本。

（2）消费群体的粉丝化

企业要主动对接消费者，构建与消费者直接连接的关系。为此，在各类网站或平台开设公号就是一种非常便捷有效的方式。当然，开设各类公号，既可以主动宣传自己的产品、品牌、文案等；还可以通过消费者的评价，获得一些有价值的反馈；也可以从这些网站平台中，去物色那些KOL（或KOC），以及能培养成KOL的苗子。

要主动鼓励和奖励那些积极性高的消费者，从中寻找或培养KOL（或KOC）队伍。可以采取诸如提供文案、报告、样品等方式，把简单评价丰富化（专业化、高频化），帮助素人消费者转化为KOL（或KOC），形成一个较为强大的传播中间力量。如蔚来就有“V计划”，寻找那些愿意撰文、拍摄和发声的消费者或汽车爱好者，作为 KOL（或 KOC）进行培养。而“小红书”“马蜂窝”等互联网内容平台中的 UP 主，都是从消费者群体中挖掘并升华而来，其内容不是简单地以“好”“很好”“差”“很差”等评价，而需在体验基础上再加工和再升华，这些都需要平台公司主动去引导、鼓励和激发。

把企业员工培养成 KOL（或 KOC），也是引导消费者社群化的一种捷径。如孩子王的 KOL 型导购，就是把旗下 6000 名员工打造为母婴专业顾问，通过线下面对面交流、线上微信或微信群聊等方式，成为产品（品牌）与消费者之间的传播中间层。公司的育儿顾问全部持证上岗，平均至少服务 500 名顾客，而全渠道的会员数超过千万人。这种就是 KOL（或 KOC）和线下导购两个角色合一的模式。如化妆品行业的林清轩、鞋履行业的滔博运动，也都在推动导购员数字化转型，推动形成以导购员为核心的社群化，以 KOL 角色教导顾客进行正确的选择。

企业要把 KOL（或 KOC）视同编外员工，要协助他们去涨粉，提升这些“中间力量”的口碑传播能力。在社群或社区里粉丝是否“关注”某个播主或博主是完全自主的，KOL（或 KOC）只能凭其影响力来获得粉丝的关注，增加粉丝的数量。为此，企业就可以通过举办或协助举办各类互动或活动，采取互关、互粉等导流方式，加强与粉丝之间的互动，帮助 KOL（或 KOC）来建立更大的粉丝群体。如完美日记品牌塑造阶段，抓住流量洼地的有利契机，快速建立起品牌位势，通过如社交平台、私域流量、直播带货等渠道及不同层次的 KOL（或 KOC）的传播，叠加粉丝进行重度运营，与年轻人玩在了一起。

有报道称，一个在 Instagram 拥有 36000 名关注的大学女运动员告诉记者，“如果我把自己在 SHEIN 买的东西发布到个人账号，SHEIN 每个月将给我 6 件商品的免费额度”。这就是物色与培养 KOL（或 KOC），并协助其涨粉的一种方法。

案例：SHEIN的推广模式

Retail Wire 报道指出，SHEIN 往往会选择规模较小、影响力较大的 KOC，而不是成本更高的 KOL，来组建一支外部宣传队伍。这些 KOC 会在 Instagram、YouTube 或 TikTok 等平台上发帖，每月可以获得免费产品赠送，或从推荐销售中获得一定比例的佣金。

这些推荐（Referral）的确有效果。Similar Web 针对 SHEIN 美国站点（2020 年 1 月至 2020 年 3 月）一时间段的流量来源统计，19.41% 的访问量都来自推荐，11.08% 的访问量来自自然搜索。

这些年轻人作为 SHEIN 品牌的忠实粉丝，同时也是素人推广者群体。他们愿意这么做，是因为这会让他们的粉丝群体更加牢固，当然也有助于涨粉。

（3）消费行为的团体化

从商业价值的角度来看，团体性消费行为要明显高于个体性消费行为。企业应在鼓励团体性消费方面做一些探索，如开发一些包含儿童的商品线，或组合进现有的产品线中，以“全家福”“儿童套餐”等方式吸引家庭来消费，并增加消费行为的黏性。

采取拼团或拼购的经营策略，让3～5个朋友能共同参与消费，这也是一种鼓励团体性和社交化的促销行为。如一些餐饮店通过促销或价格的设置，安排了一些凑单、满减等经营举措。以“凑单”鼓励购买的方式，既吸引团体消费，又能鼓励形成一类社交场所。又如采取会员饮料包月制加赠券等方式，可以增加高频消费、到店率和团体性消费。鼓励团购也是一种组建社群的行为，通过团体性消费来建立消费群体之间的“社交属性”。

拼多多的邀请朋友“砍价”行为和举措，最低2～3人即可成群“团购”，就是一种鼓励团体消费的行为。拼多多能够迅速成长的重要原因，就是把社群行为当作一种流量入口模式，然后迅速把这些新顾客平台化。如今“店＋群”已经成为标配，零售商家可以通过社群化来增强线下的连接强度，通过软文、海报、视频直播等营销方式去发展更多的会员、流量，以此快速获客。保持顾客与门店之间的联系需要长时间沉淀会员，社群不仅是一种流量入口，更能通过与会员之间的强关系，去吸引更多的新顾客，实现引流并变现。

某咖啡连锁公司，曾推出一种会员卡，该卡包含了1张早餐券、3杯买一送一、1杯免费升杯，限时3个月用完。其中，买一送一就是两杯，会找朋友、同学或同事来一起喝，创造出社群关系；而被邀请的朋友、同学或同事，难免会再回请一次，又增加了复购率。

（4）消费体验的惊喜化

被KOL或KOC所转化的消费者群体，如果没有转化为对企业、品牌和产品的黏性，就只是一次性的短期效果。既未能带来长期持续的购买力，也没有对企业品牌建立忠诚关系，企业将不得不继续通过与KOL或KOC合作进行高成本推广，从而陷入“欲罢不能”的境地。

而“惊喜可以体现差异化，可以强化忠诚”，为此，提供一些创新或增值服务，包括对忠诚客户的奖励或线下粉丝俱乐部活动，都能带来体验上的差异化。还可以用稀缺性来增强社群化，面向会员专售有稀缺性的商品，或采取团购、分享等方法，引导社群化消费。

如元气森林经常在小程序里发布新品测评活动，而小程序里的活跃用户大多是忠诚用户，他们会主动申请试用，仅支付运费便可拿到试用商品。这些用户不仅可以优先拿到开发中的商品，还可以在专门的试吃群内进行交流，维持了群内的活跃气氛；同时，公司也会引导会员去填写尝鲜问卷，获得新品尝试的体验数据。这种做法起到了一举多得的效果，既巩固了忠诚客户群，激发了客户群的口碑，还能对新产品进行广泛的测试；既利用了客户群的群体智慧，还培养了第一批的核心用户群。

国人非常热衷和欢迎“节日”，创造一些让粉丝能够参与节日的活动，重新塑造“店庆”或“活动”，增加粉丝的参与程度，也是一种惊喜。当然，如果这类活动通过提前设定游戏规则，逐渐交由粉丝来举办或协办，提高他们对活动的话语权和选择权，可以让粉丝逐渐成为“这种游戏”的主角。这类“节日”活动，还有助于在粉丝内建立“陌生人”的互动关系，有利于巩固和扩大社群，也增强了社群的稳定性。

另外，就是在惊喜上的创新，或给予惊喜的方式上的创新。2021 年春节期间，有企业推出了“红色口罩”“喜庆口罩”，在国内疫情余波中，给消费者带来了一丝温暖和惊喜，这也是企业对消费者的用心，消费者也会感知到企业的用心。这种惊喜一定会带来口碑传播，进而引发社群效应。

（5）社群关系的商业化

企业建立社群后，最终目的还是要把社群关系直接商业化；或对社群关系进行让渡，把社群关系里的人让渡给他人使用，变相地实现商业化。由于社群关系具有较强的黏性和牢固性，让渡后的社群关系仍然存在，也就是社群关系的商业化是有持续性的。

总体来看，互联网上（或线下）的社群有两类：一类是专享社群，另一类是共享社群。

专享社群，往往是企业公号所建立的粉丝群、粉丝俱乐部的客户及忠诚客户 KOC 所吸引的粉丝群体。

共享社群，典型的如 KOL、直播的播主等类型，会轮流替多家企业或商品进行代言，其粉丝群体更像共享社群。影视明星的粉丝群，也是一种共享社群。对于 KOL 来说，采取推荐多家商品的“爆款”，而不是只推荐一家商品，以及替粉丝争取“最低价”“专享折扣”等方式，更容易树立 KOL 专业、认真、真诚等个人形象，有助于提升粉丝的黏性。

企业之间也可以实施社群的共享，尤其是跨行业的“扩圈”和“交叉授粉”，各企业既可以巩固自身的社群，又可以借助其他企业的社群，扩大自身的社群规模。不同行业的企业，可以进行在营销、联名、渠道和商品等方面的资源交换。如潮流服装“求异”的一面，在熟人社群里属于“推荐”偏弱的一类；而利用陌生人社群组织，恰可以增加潮流服装的吸引力。所以，许多潮流服饰尤其喜欢跨行业实施联名，借助外部的共享社群，扩大自身的粉丝群体。

3. 优化互动路径

随着消费者行为的互联网化，提供评价的链路也发生了变化，企业要主动建立收集评价和对评价进行回应的信息链路。

（1）触达的覆盖率

企业要主动出现在各类媒体平台上，尤其是消费者经常参与讨论或发声的平台，如图文类的微博等，音视频类的抖音、快手、B站等，社交平台的微信公众号、小程序等，以及其他产品试用平台，去建立企业的公众号或小程序。这些不仅是企业对外宣传的窗口，更是与消费者建立连接和接收反馈的链路。

还要主动创造直接面向企业的评价路径，不仅包括顾客的口头表达，还包括客服电话、邮箱、顾客意见卡、各类网站留言区等，都是获取反馈的地点和路径。如星巴克为了增加与顾客的互动性，在2008年建立了My Starbucks Idea网站，鼓励顾客可将自己对产品口味、店内体验、店内设计，甚至是企业的社会公益等方面的想法发表在网站上，还可以在线和其他用户互动，给他人的想法投票。同时，公司也会采纳一些创新建议，让顾客体验到与公司共同成长的感受。

这些直接面向企业的评价路径，可以对一些负面评价及时进行应对和处置，防止重大负面舆情的出现或发酵。

（2）参与的便捷性

要持续不断地鼓励消费者积极参与评价，以微信的小程序为例，除了提供商品展示和销售功能之外，还要在获取客户评价及与评价相关的互动上做文章。如“二维码”，其提供了一个跳转的连接，在产品包装或标签上加注“二维码”，就构建了一个完整的“连接 / 反馈”循环。如在幼儿教辅材料里，印刷大量的“二维码”，通过扫一扫就可以打开视频进行讲解或播放音乐，既为商品与消费者之间的连接创造了条件，又为家庭互动创造了一个氛围。

那些愿意扫一扫的消费者，往往是高活跃度人群，一定要通过第一次跳转来提升这类人群的关注度。从跳转链接的类型来看，有微信公众号、红包、公司或产品宣传链接等类型。2019 年香飘飘奶茶的“红包抽奖”营销活动，平均每天有 30 万用户的扫码量，最高的月份日均超过 35 万用户参与扫码。

还可以通过多个二维码或以二维码为源头，构建功能更为强大的设计和应用。如某白酒企业实施了“五码赋能”的做法，就是在中装箱、手提箱、单瓶包装盒、瓶盖的内外侧都标记了二维码。终端消费者可以通过小程序或 APP，通过扫描其中的三个码，确认产品的真实性；而后台则通过个人手机的 IP 或电话号码归属地，确认产品的大致流向。企业还可以设置扫描瓶盖内码进行抽奖，或组织一些线下的活动，以增强与消费者之间的互动。

任何消费品的标签，都可以通过“二维码”化，在产品（包装）上建立回馈链，把每件商品都转化为“渠道”（备用连接）。让消费者“扫一扫”就能获得一个直接下单的链接（或小程序等），这种方法简便易行，成本也相对低廉。企业通过主动设置“入口”，不仅可以让消费者更易参与，还可以获得在渠道上的主动权，并尝试实现与消费者建立直接连接通道。

（3）口碑的阈值性

从企业角度来看，所获得的消费者反馈有主动的，也有被动的。消费者的主动反馈，包括撰写评价、点赞、对物品打分，也包括与他人交流、反馈给企业等；而被动的信息，包括在店铺、网站的消费行为（偏好和频次）等信息的汇总。来自消费者的反馈有可收集的，也有不可收集的。可收集的除了主动反馈的信息外，也包括消费行为数据的汇总，还包括从外部信息来源获取的信息（包括个人 Cookie）。对于这些可收集的，如果是自有的 APP，可以主动进行收集汇总；如果是通过第三方平台，还需要协商使用这些数据。

为了丰富所获取信息的深度和广度，就需要强化消费者在互动环节的活跃度，评价信息只有达到或超过一定的阈值，才能产生连锁反应，才能产生市场价值。如影视等内容行业存在一个“口碑逆袭”的现象，即数年前或十多年前票房或收视率很低（口碑也不明显）的影视作品，在视频播放网站上的评分逐渐提高，影响力大增，并渐渐被众人熟知。这个现象不是企业（出品方）主动追求的结果，完全是靠消费者之间的互动及口碑的一点点积聚，挽救了一部电影或电视剧的形象，从茫茫的影视海洋中挖掘出“精品”。

案例：影视作品“口碑逆袭”的现象

有些电影、电视剧、小说等，在互联网时代出现之前，通过传统的渠道播放或发行，得到了一个惨淡收场的结果。而当这些内容被放到网上时，先是被一小批观众认可（长尾现象），给予高评分或良好的口碑；渐渐引来了更多人的关注，并逐步放大影响，甚至成为一个时代的印记。

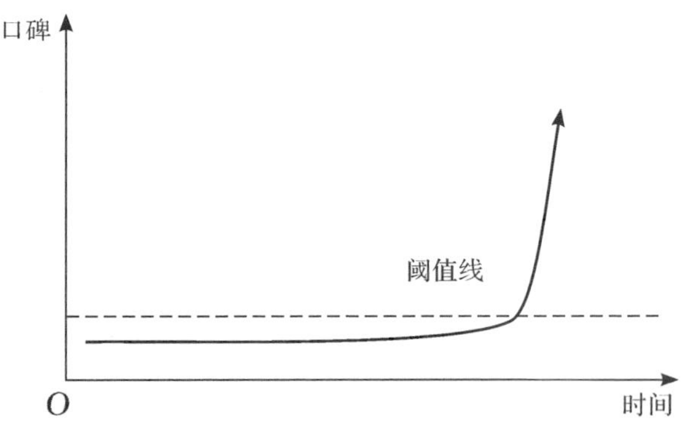

口碑爆发的阈值线

在互联网时代，以更低成本、更高覆盖的渠道特性，挽救了一批“有质量”的内容，当被粉丝“挖掘”并“传播”后，甚至逆袭成一种“文化现象”。典型的如1995年的《大话西游》系列、《大明王朝1566》等。

出现“口碑逆袭”现象的原因，在于当时的传播链路（渠道）无法获得体量足够大的“核心客户群”，这些核心客户群的“口碑”无法积累到一定的体量（未能超越阈值）去引起“裂变效应”或“连锁反应”。从商业的角度来看，这种内容属于上乘，而无法在当时市场上及时兑现的现象，主要是因为没有找准目标客户群，或未能激发目标客户群的回应（互动性不足），或两者都没达到。最终只能依靠时间来积聚口碑的量能，通过长尾效应积聚，直至出现“口碑逆袭”。另外，也有可能是产品太超前，现有的消费者尚无法接受，随着时间的推移，消费者的认知改变后，才能接受这个产品。

当然，也有偶然事件导致某件或某款已有商品爆棚的现象。如果这个现象就如流星一样，不能实现口碑的长期性维持，相当于口碑的一个高值“脉冲”。而那些能在较长时间内维持较高口碑不下降的，则实现了口碑的“阶跃”。

除了这些传播或流通成本较低的商品外，如数字化内容产品、书籍、艺术品等，其他传播或流通成本高的商品几乎不会有“逆袭”

的机会，因为这些商品无法触及更多的潜在消费者，也就无法积聚口碑，遑论“逆袭”或“阶跃”了。

为此，企业要有意识地保留现有的数字化口碑信息，尽可能实现口碑的长期化留存。即便采取新产品上架和老产品下架的换货操作，也要想办法保留一些老产品的口碑，这也是积蓄口碑和延续影响力的操作方法。把产品开发系列化，保留系列名称或经典款式，就能顺其自然地保留和延续过往口碑的影响力了。另外，就是采取组合式上架商品的方式，通过多个产品的口碑积累，以组合式的口碑形式，加速超越口碑传播的阈值线。还有，就是把跨网络平台所产生的口碑想办法打通，形成多平台的口碑互动，以积聚跨平台口碑的势能，这是一个加快口碑传播的方法。

第四节　形成正向循环

人际之间的互动，属于一种社交性活动，可以形成一种有记忆、可持续性的关联关系。对企业而言，其与客户之间的有效互动，需要在两个层面实现进阶：一是，构建与消费者（客户）进行互动的连接或通道；二是，构建主动积极的“反馈/回应”循环，进而形成一个信息互通的闭环，实现互动的“正向循环”。

1. 形成信息闭环

要实现更加完整的交互，不仅是把产品推销给消费者，更要关注消费者的感受和感情。新消费群体的消费过程，不仅是对商品本身的消费，还希望在消费过程中或过程后，仍然存在各类形式的互动，或有惊喜，或有直接对话的通道。为适应新消费群体的新需求，就要去主动引导或主导良性互动的活动。

渠道只是“连接”的开端，如一些连锁餐饮行业，利用APP或小程序点餐，通过一键注册等方式，相对容易地实现了与客户的连接。而能否有效维系这种连接关系则取决于激发消费者给予评价及企业是否对评价进行了积极回应，这才是互动能力提升的“正向循环”。同样，如果能吸引其他消费者对这些评价进行“再评价”（点评、关注、点赞等形式），就可以形成更多的互动和讨论区，形成“陌生人”之间的社交链或讨论区。

更高频率的互动、多轮次的“反馈/回应”，有助于形成稳定性强的连接关系。企业不仅要追求“连接”消费者的数量，还要让消费者能够积极“反馈”，要向追求“互动”转变，要向高频次互动转变。

好产品本身会强化互动，这属于产品本身驱动的互动功能。为了鼓励消费者的反馈和激发评价，还要主动设置一些增强“企业与消费者、消费者内部”互动的活动，尤其是“有趣、好玩、炫、酷”等可以炫耀和口碑传颂的活动。“没有与客户的互动，企业就没有未来”，难以满足消费者的新需求，遑论参与新时代的竞争了。

借助于数字化技术的应用，DTC的经营模式在实现与客户互动关系的形成上极具优势，这种经营模式将成为潮流品牌未来发展的主动选择。

2. 核心客户群体

任何一个产品（服务或品牌）都应该有一个拥护自己的基本盘，进而围绕这个客户群的需求进行积极回应，形成更加忠诚的粉丝圈。

这个核心客户群体，相当于一个被抽样的活跃群体，通过在这个群体里对产品的设计、口味、款式、文案、定价等进行测试，并依据客户群的反馈，对产品做出相应的改良与革新，进而形成一套正向循环的工作机制。

在这个客户群里，存在着诸如话题型用户、最积极反馈用户、最易感慨人群等不同的 KOC 类别（标签）。其中，有些积极反馈的用户在影响力方面可能存在“1 > 10”的效果，如果这类用户在总体客户群里占有 5% 或更高的比例，那么，这个核心客户群体的影响力就可能超过 50%。如星巴克的邮购咖啡客户群具有“受过良好教育、相对比较富裕、喜欢旅行、迷恋高科技、对艺术和其他文化形式有浓厚的兴趣”等特点，他们比一般客户更为忠诚，认准了星巴克且必须喝到。显然，这个邮购群体的影响力远远超过一般客户群体。

口碑塑造的关键，就是要找到这些影响力大的客户，并形成一个具备超级影响力的客户群体。在客户关系管理和客户运营上，要重视这类具有超级影响力的客户群体的积聚，鼓励这些客户群体释放其影响力。如星巴克选择那些接受高品质咖啡饮料的客户群，如苹果公司通过高硬件价格（如较高的手机价格定位）锁定高购买力的群体等。以这些具备超级影响力的核心客户群为基础，进行“扩圈”以及“再扩圈”，不断招揽新的核心客户群，就可以在市场上形成连锁反应。

3. 客户群的组织化

数字化技术的普及，企业与消费者之间可以较为容易地建立数字化连接，或在消费者之间建立数字化连接，实现便捷的互动和 on line 连接。

为提高客户群的组织化程度，企业可开设公众号（或小程序），并以此与消费者进行互动，尤其是高频的互动，形成以企业为核心的互动群体。因此，采取 DTC 模式及以自有平台为基础的互动模式，可以对客户群体进行高度可控的组织化。对于以年轻人为主要消费群体的潮流商品，要及时启动“年轻人”之间的“良性互动”，这是迈向成功的必要环节。这也涉及跨网络平台的客户群组织，要尽可能把各主流网络平台的客户群进行组织化，以提高数字化口碑的生成和传播的效率。

提高客户群的组织性，就有了强化良性“互动”循环的基础，就能不断推动企业与消费者之间关系的进化。通过创设一些可高频购买的产品（或活动、互动），如佩饰、周边产品、文创产品、可转赠礼券等，以及围绕“高频”产品进行创新，可以提升“连接关系”的有效性。诸多工具型、电商型、内容型等各类 APP 里，纷纷增加了一些游戏属性的功能，甚至是轻度游戏，这就是对连接关系赋予了一种“高频”的属性。如支付宝里嵌入了公益游戏、拼多多的购物体验模仿了游戏、京东里有水果乐园等。

提高客户群体的组织性，既要鼓励消费者表达个人体验和感受，还要鼓励消费者通过社交圈进行宣传及类似行为。要让每个消费者都能成为宣传员，不仅是在线下通过口碑和社群进行传播，更要在朋友圈、公众号等线上空间积极主动宣传。

4. 基于数据的进化

企业要把汇总的反馈意见和建议，作为未来改良或创新方向的来源之一。通过所获得的各类信息（内容）对产品进行修正或革新，适时推出呼应核心客户群的新产品或新功能，进而加强与客户群之间的连接刚性，这才是“互动”的意义所在。

江小白与雪碧有一个成功的跨界联名活动，其创意据称是来源于用户反馈。江小白加雪碧的混饮喝法最先是网友的自发行为，并被起名为“情人的眼泪”，很快风靡各大短视频平台，获得上亿的播放量。双方顺势而为推动跨界合作，呼应了消费者的反馈，并形成了高效的互动。

星巴克曾根据邮购客源的信息来决定到哪些地方去开店，因为这些邮购客源比一般客户更加忠诚，他们认准了星巴克，必然是新店铺的核心客户群体。星巴克还通过收集顾客意见卡，对产品或业务进行调整，充分利用消费者的反馈。在网飞公司推出 DVD 租赁业务初期，顾客并不领情，而网飞秉承“更快、更频繁地进行测试”的企业精神，避免了创业的头号陷阱——“在脑海里构造想象中的城堡”，测试 10 个糟糕的想法要比花上几天时间想出完美的创意更有效。

不过，基于直觉判断的创新，虽然不是大数据支持的创新、创意、创想，未来仍然有存在的空间。各类所获取的数据具有滞后性和有限性，这就决定了数据反映的是过去，而直觉往往能创新未来。

5. 管控负面评价

由于评价渠道的通畅性，消费者群体的评价质量和态度也是各式各样，水平高低不等。很大概率会出现因为偶然事件而诱发大量的负面信息，甚至负面信息集中暴露而引发社交网站的“爆棚”。

在移动互联网时代，与企业有关的负面信息传播速度非常快，即便企业过往已经达到了较为良好的数字化口碑水平，一旦“黑天鹅”（负面舆情）出现，很可能会在短短的几天之内，让企业的数字化口碑从“炸裂”到“坍塌”。

案例：火鸡的数据幻觉

英国哲学家伯特兰·罗素讲述了一个关于归纳主义者火鸡的故事。在火鸡饲养场里，有一只火鸡发现，第一天上午 9 点钟主人给它喂食。作为一个归纳主义者，收集了有关上午 9 点给它喂食这一经验事实的大量观察。而且，它是在不同情况下获得的观察结果，如雨天和晴天、热天和冷天、周一和周五，每天都在进行数据统计，并添加新的观察结果。

最后，经过归纳总结得出结论："主人总是在上午 9 点钟给我喂食。"可是，事情并不像数据统计的结果那样简单和乐观。在感恩节前夕，主人没有给它喂食，而是把它宰杀了。

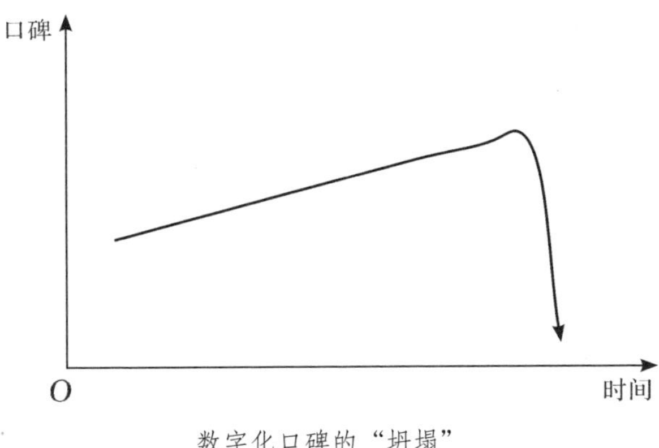

数字化口碑的"坍塌"

为此，一定不能沉迷于过往的“成功”，一定要对“负面评价”有准确的认知和迅速的应对。

——负面评价的杀伤力要大于正面评价。负面评价，影响社群建设，容易出现“掉粉”现象。

——提供负面评价的绝大部分是成功的连接，同时又是对现有“连接”存在不满意的消费群体（或其他利益群体）。

——负面评价提供给企业一个可以完善、提高产品或服务质量的可能性空间和改善方向。

——负面评价被排除后，剩下的就是正面评价，是更加积极主动的响应。

——负面评价的存在，提供了连接正向改进的方向和意义。

——减少服务环节的负面评价促发机制，企业要有专业化的培训和应对方案，最好在终端就能解决负面评价。

——要对负面舆情进行及时反应，同时，要放低身段去应对负面评价，体现诚意。

优衣库曾出现过“衣服因低价而热销，但人们买回去之后，立即把商标剪掉”的尴尬，主要还是因为品牌（口碑）远远低于其产品质量，是性能超越品牌的现象。为此，优衣库请大牌设计师，提升产品的品位和调性，对这个反馈进行及时的回应，改变这个令人尴尬的口碑。

第七章
与消费者共成就

我的梦想是每所住宅和每个办公室都安装一台电脑。

——比尔·盖茨

企业与客户共存于同一个商业系统内，企业在进化，客户也在不断进化。

企业和消费者之间的关系，不仅是一种相互成就的关系，也是一种相互养成的关系。企业不断提供一些核心消费群体预期中的商品与服务，大部分消费者也展现出企业所期望的消费感知和消费行为。

如果借用生物学的视角来观察企业与客户的关系，企业与客户是两种不同的、互利共生的生物体，共存于同一个商业（生态）系统内。企业在不断进化中满足客户的需求，客户在持续进化中适应企业的供给。

1. 企业的欲望

一旦企业能够直接与客户建立连接，如通过智能手机的 APP 实现 on line 的连接，那若不考虑商业上的经济性，纯粹从技术层面来看，这个 APP 的业务边界是可以无限扩张的。典型的是某新能源汽车公司的 APP，被认为是一个集合了“微信＋京东＋今日头条＋活动行＋贴吧＋小红书”的多功能社区，同时具备社交、电商、资讯、客服等功能，还有便捷的投诉属性。这种多功能复合型的 APP 模式，其初衷是希望用户更多使用、停留、反馈和社交，最终是努力提升用户的“参与感”。

在连接更多人的欲望驱使下，各个 APP 的功能会变得越发强大，也变得越发沉重。有些互联网平台公司会尝试构建不同的

APP 平台，以不同的 APP 连接方式来组成连接矩阵，直连数量更多、跨多个行业的客户群体。

这些 APP 为了连接更多用户，会寻找更多的流量来转化和增加连接机会，进而导致行业流量出现稀缺性。未来绝大部分的长尾连接或长尾流量红利，都有可能会被货币化（商业化），会出现无所不在的商业化情景。

让用户更深度地参与，体现越来越强的参与感，是每个企业都孜孜以求的。在数字化时代，越来越多的消费者行为被数字化，共塑的逻辑将进一步被强化。消费者群体创造了互联网的衍生内容（消费者的 UP 内容），并有选择地使用这些内容，共创互塑的局面会长期存在。

2. 用户的选择

随着智能化终端越来越发达，尤其是智能手机的普及与各类碎片化信息越来越丰富（如短视频、微博、朋友圈等），用户获取信息的方式将越来越集中，甚至会越来越狭窄。

从用户的个人意愿来看，可以按自身意愿去获取一些信息，如用搜索工具去搜索自己想知道的问题或信息；然而，如果某些信息并不被搜索引擎所覆盖，或排名较为靠后，就无法被获取。另外，随着信息流获取方式从自主查询转变为被动推送，尤其当各大 APP 掌握了用户的个人喜好后，会按用户的过往意愿推送越来越多相关或雷同的信息，覆盖或消解掉偶发兴起的自主性意愿。

目前，越来越多的 APP 的信息流方式发生变革，通过自动推送获取信息的方式在不断增加。推送式信息获取方式的便捷性，与所提供信息的收敛性，会加剧消费者的信息获取渠道的集中性。进而，在大多数情况下我们看到了“我们想看到的”信息，也看到了“想让我们看到的”信息。用户会不断获取既是自己“想知道”，又是“想让知道”的信息，并被此类信息所刺激、放大，沉溺其中而无法自拔，这就产生了一个信息茧房——雷同的信息越来越多地被主动推送进来，而有价值的信息出现的机会则越来越少，甚至对茧房之外的信息所知甚少，每个人都成为自己过往行为（偏好）的囚徒。

各个信息流 APP 都会把用户的停留时长作为第一战略目标，会竭尽全力用数字内容投喂的方式，来消耗掉用户的有效时间。如果把消费者群体视为一个可以“被养成”的群体，在移动互联网时代，通过信息茧房模式，也会达到较好的成效。甚至，比那些用物理隔离造成的封闭性，所形成的养成效果更好。因为这类养成模式更符合人性，用户会被投喂更多符合人性弱点的养料。几乎所有略具用户规模的 APP，都在增加一些轻度游戏的功能，也包括各种养成类游戏（无限成长模式、无限关卡模式等）。进而，这些用户被“喂养”在这些 APP 里，开始“被养成”为“长停留”的客户群体。

与此同时，在消费体验过程中，广大用户也将越来越呈现出更深度的参与感。越来越多的互联网用户，逐渐习惯了浅尝性阅读，逐渐放弃了深度思考，同时又养成了积极的反馈行为。“每个人都生活在自己的世界里”，既包括物理世界，也包括“信息世界”或“数字世界”。此时，企业和用户之间的关系，不仅是一种相互成就的关系，更像一种相互养成的关系。企业不断提供一些核心用户期望的产品和服务，而大部分用户也展现出企业所希望的消费感知和消费行为。

面对纷繁多变的商业活动和商业形态，作为经营者或研究者，要经常采取“换维思考”方式，即换个维度或站在更高的维度去思考，不能局限于既往成功经验的传承，要站在新消费群体的角度，去理解他们的行为和动机。如果“思考”再进一步的话，那就要从商品本质上去挖掘，不能只局限于做具体的产品，只做产品的思考，而要对有品质、更美好生活的方向进行思考，这个主轴是不变的、永恒的。

移动互联网时代，“连”字道出了一切的源头。不管是连接战略、连接思维，还是“直连战略”，都可以让我们从一个新的视角去思考商业系统，从更加接近本质的角度去思考商业系统。当前互联网企业“无边界扩张”现象背后的根本原因，是用连接吸引了越来越多的消费者，消费即连接，连接才是商业的本质。

一旦实现 on line 连接，新的游戏就开始了！

参考文献

1. [美] 保罗 · 兰德：《关于设计的思考》，吴梦妍译，湖南美术出版社、后浪出版社，2017 年。

2. [美] 比尔 · 费舍尔：《创业融资，从一个好故事开始》，郭杰群等译，中信出版集团，2016 年。

3. [美] 霍华德 · 舒尔茨、多莉 · 琼斯 · 杨：《将心注入：一杯咖啡成就星巴克传奇》，文敏译，中信出版集团，2015 年。

4. [日] 谷本真辉、金跃军：《一胜九败 2：优衣库思考术》，中华联合工商出版社，2011 年。

5. [法] 古斯塔夫 · 勒庞：《乌合之众》，冯克利译，中央编译出版社，2014 年。

6. [日] 柳井正：《一胜九败——优衣库风靡全球的秘密》，徐静波译，中信出版社，2011 年。

7. [美] 娜塔莉 · 伯格、米娅 · 奈茨：《亚马逊效应》，岱冈译，中信出版集团，2020 年。

8. [比] 史蒂夫 · 范 · 贝莱格姆：《用户的本质：数字化时代的精准运营法则》，田士毅译，中信出版集团，2018 年。

9. 冯磊：《要有故事》，《中国新闻周刊》2020 年第 17 期。

10. 葛新、汪建斌、赵静编著：《决胜：ZARA 快速盈利模式》，清华大学出版社，2008 年。

11. 仇广宇：《“小确幸”饮料变迁史》，《中国新闻周刊》2021 年第 5 期。

12. 史玉柱：《史玉柱自述：我的营销心得》，同心出版社，2013 年。

13. 腾讯智慧零售：《超级连接：用户驱动的零售新增长》，中信出版集团，2020 年。

14. 王晓锋：《一路向东：林清轩增长密码》，机械工业出版社，2020 年。

15. 谢芸子：《盒马如何做“自有品牌”》，《第一财经》2020 年第 11 期。

16. 叶碧华：《新式茶饮进化简史》，《21 世纪经济报道》2021 年 3 月 15 日，第 8 版。

17. 尹晓琳：《申洲国际市值超 2000 亿，代工龙头不为人知的缄默战事》，《中欧商业评论》2020 年第 12 期。

18. 赵慧主编：《蓝瓶物语》，东方出版社，2018 年。

19. 赵嘉：《饭圈思维何以盛行》，《第一财经》2020 年第 11 期。

后 记

任何与企业有关的商业史都是一场周期轮回，每个故事都是有关兴起与没落的连续剧，无非是主角更迭、剧情曲折和长短之分。当时代抛弃你的时候，你的任何挽留都只能成为失败的注脚；当时代青睐你的时候，你的任何错误都在铸就迈向胜利的台阶。数字化时代已经到来，对每个潮流品牌企业都提出了挑战，因应数字化技术在产品设计、生产制造、流程优化和营销传播上进行变革已经成为当代企业的必修课。

对潮流品牌企业而言，始终会面临三种不同类型的挑战：消费者易变多变的需求、新竞争对手的不断涌现、科技变革对商业生态的颠覆和重置。如果将企业经营视为一场没有终点的马拉松，那么，潮流品牌企业经营更像一场没有终点的追逐赛，每个企业都在创造、引领或追随时代潮流，如果不能持续预测和响应消费者的需求，最终会在虚幻的产品丛林中迷失，成为昙花一现的流星！

从做投资的角度来看，投资者要尽可能选择那些不需要太大变化的业务形态，减少变化带来的或然风险。然而，当越来越多的行业开始变化，并呈现加速变化之际，经营者只能选择适应或顺应变化才具有现实意义。在这些不断变化的行业里，不变革不行，变革慢了也不行。即便是那些产品变化缓慢的行业，也都面临着竞争格局的变化，跨行业的竞争如影相随，还会面临“降维打击”的突然来袭。为此，唯有持续升华用户思维，利用移动互联网技术带来的 DTC 模式的便利化契机，做深做透与用户的互动关系，激发用户，并与用户共塑数字化口碑，才能筑就迈向成功的阶梯。

除了不可再生的古董或收藏品之外，一成不变的商品是很稀少的。对潮流品牌企业而言，要尽可能去沉淀一些能够不变的东西，从而积聚一些可持续或可积累的竞争优势。首先，要考虑的是沉淀客户和忠诚度；其次，就是塑造潮流化品牌（包括系列产品、产品名称、款式及设计等）；最后，要打造企业文化、运营机制和人才团队等等。

对一本书来说，有反映时代或体现潮流的内在特性，也不可避免地会成为一种一次性的商品。写作本书的起因在于研究新消费行业时，新一代消费者需求偏好的变化趋势、对新兴潮流品牌的认同和追捧，令我感到疑惑和不解。事实上，那些能让年轻人扎堆、趋之若鹜的现象背后，都有着深刻的客观规律。

任何一个企业，如果不能远离平庸，勇于追求创新，就会很快变得平庸，泯然众人矣。任何一个行业的研究人员也是一样，要去主动参与研讨，要去与企业家互动，才能让自己看得更清楚，看得更明白。本书也存在不少错漏和欠缺，需要不断与现实情况进行互动和印证，需要一个不断纠错和改正的过程。

如果能从消费品研究中得到一条有价值的经验，那就是有时代进步意义的创新或产品，必然是年轻人喜欢的、欣赏的和追捧的。因为，他们代表了未来，或许还代表了一个崭新的时代。

另外，从数字化技术变革的角度来看，我们要始终密切关注智能化硬件平台更迭的“先兆”，尤其是年轻人开始使用的智能化硬件产品。这不仅有可能颠覆既有平台企业，颠覆现有商业生态根基，更是在创造新商业生态的底座和入口，意味着巨大的商业机会。当然，并不是所有硬件产品都有机会转变为硬件平台，只有那些被广泛应用的硬件产品才有可能。

继《长线思维：做投资的少数派》之后，本书作为“时代企业系列之二”诞生。在两本书的写作过程中，非常感谢妻子的支持和鼓励，她既承担了各种家务，还操持着两个孩子的教育与成长。也要感谢两个孩子的理解，我以“工作”名义获得了在节假日与夜晚时间使用上的优先级。非常感谢邬玉明先生一如既往的支持与鼓励；非常感谢王尧先生对本书提出的真知灼见。非常感谢浙江大学出版社曲静老师，在她的耐心指导和悉心安排下，这书得以顺利出版，对于本书，她更是倾注了大量心血。还要感谢许多帮助过我的老师、同学和领导、同事、朋友们，也要感谢花费时间浏览本书的读者朋友们，希望对大家能有所启发。

非常感谢孙来春先生、杨国民先生、朱军岷先生拨冗为本书作序，对此我深感荣幸！

颜 亮

2021 年 5 月

图书在版编目（CIP）数据

国货新世代：引爆潮流方法论 / 颜亮著. -- 杭州：浙江大学出版社，2022.6
ISBN 978-7-308-22444-4

Ⅰ. ①国… Ⅱ. ①颜… Ⅲ. ①品牌营销—研究—中国 Ⅳ. ①F279.23

中国版本图书馆CIP数据核字（2022）第052026号

国货新世代：引爆潮流方法论
颜 亮 著

责任编辑 曲 静
责任校对 牟杨茜
出版发行 浙江大学出版社
（杭州天目山路148号 邮政编码：310007）
（网址：http://www.zjupress.com）
排 版 浙江时代出版服务有限公司
印 刷 杭州钱江彩色印务有限公司
开 本 880mm × 1230mm 1/32
印 张 7.875
字 数 148千
版 印 次 2022年6月第1版 2022年6月第1次印刷
书 号 ISBN 978-7-308-22444-4
定 价 52.00元